LES

CONDITIONS DU BONHEUR

ET

DE LA FORCE

POUR LES PEUPLES ET LES INDIVIDUS

PAR

Adolphe COSTE

DEUXIÈME ÉDITION
Refondue

PARIS
LIBRAIRIE DE GUILLAUMIN ET Cie
Éditeurs du *Journal des Économistes*, de la *Collection des principaux Économistes*, du *Dictionnaire de l'Économie politique*, du *Dictionnaire du Commerce et de la Navigation*, etc.
RUE RICHELIEU, 14

1879

LES

CONDITIONS DU BONHEUR

ET

DE LA FORCE

POUR LES PEUPLES ET LES INDIVIDUS

PAR

Adolphe COSTE

DEUXIÈME ÉDITION
Refondue

PARIS

LIBRAIRIE DE GUILLAUMIN ET Cie

Éditeurs du *Journal des Économistes*, de la *Collection des principaux Économistes*, du *Dictionnaire de l'Économie politique*, du *Dictionnaire du Commerce et de la Navigation*, etc.

RUE RICHELIEU, 14

1879

INTRODUCTION

LE BONHEUR EN FACE DU PROGRÈS

I

Le progrès accéléré.

L'homme est déjà vieux sur la terre de plusieurs dizaines de milliers d'années. Ses restes, retrouvés sous d'anciennes couches de terrain et mélangés à des ossements d'animaux disparus, en font foi. Mais il n'y a guère que quatre ou cinq mille ans que nos ancêtres les plus directs ont su donner à leur langage une forme durable qui perpétuât leurs idées et leurs traditions par la mémoire ou l'écriture. Il n'y a que 400 ans que l'imprimerie a commencé l'instruction universelle et favorisé l'association des intelligences. Il n'y a que 200 ou 250 ans que nous sommes en possession du pendule, du télescope, du microscope, du baromètre, du thermomètre, et qu'à ces admirables instruments d'observation, qui marquent le triomphe de la méthode expérimentale, nous avons joint les puissants moyens de calcul et de raisonnement qu'on appelle : trigonométrie et logarithmes, algèbre, géométrie et mécanique rationnelles, calculs de l'infini et des probabilités.

C'est notre siècle, qu'on pourrait dater de l'Indépendance des États-Unis (1776), bientôt suivie de la Révolution française, qui a recueilli les résultats bienfaisants de tous ces progrès : la machine à vapeur, la grande exploitation des mines, les vastes manufactures, le crédit et l'assurance, le système métrique, les bateaux à vapeur, les chemins de fer, les presses mécaniques, permettant la diffusion infinie des journaux ; la télégraphie électrique, qui fait communiquer instantanément tous les pays du monde à travers les continents et les mers, et, comme garantie de tous ces biens, les perfectionnements de l'art militaire, en attendant ceux de la politique.

Simultanément à toutes ces applications, la science poursuit ses études spéculatives : l'électrologie, la physiologie, la géologie, la météorologie, sans parler des sciences sociales et historiques, nous font entrevoir de magnifiques promesses, et assurent à nos descendants des récoltes au moins aussi abondantes que celles que nos pères nous avaient préparées.

Le progrès n'est donc pas un vain mot. S'il a été pour ainsi dire insensible dans les temps préhistoriques, fort lent jusqu'à la fin du moyen âge, le mouvement, depuis lors, est devenu de plus en plus rapide, et d'une vitesse incomparable en ce dernier siècle. Il semble que l'accélération aille toujours en grandissant.

Sous un autre aspect, le progrès se traduit encore par l'accroissement de la population, corrélatif au développement de la science et de l'industrie.

On estime que la Gaule, du Rhin aux Pyrénées, n'était habitée du temps de César que par 4 millions et demi d'habitants[1]. Dans ces mêmes limites, la France, la Belgique et les provinces rhénanes en possèdent aujourd'hui 45 millions. Depuis César, la population aurait décuplé. Le dernier quart s'est formé depuis moins d'un siècle.

Les chiffres sont encore plus frappants si nous considérons l'ensemble de la race blanche civilisée. L'Europe et l'Amérique du Nord, qui composent le groupe de la civilisation occidentale, comptent aujourd'hui environ 350 millions d'hommes de race à peu près homogène, tous disciplinés sous des principes communs de droit des gens et de droit commercial. De ces 350 millions, il n'y en avait guère plus de la moitié il y a cent ans; la population a doublé en un siècle. Et si nous cherchons un point

[1] Moreau de Jonnès. *Statistique des peuples de l'antiquité.*

de comparaison dans l'antiquité, nous trouvons que la Grèce et l'Italie, qui étaient en Europe les deux seuls États ou groupes d'États civilisés, n'avaient pas plus de 20 à 21 millions d'habitants, y compris les esclaves.

Pour un tel développement de la race humaine, songe-t-on à la multiplication nécessaire, en proportion, des plantes et du bétail alimentaires, dont le recensement nous est inconnu !

Ainsi, même au seul point de vue organique, le progrès, qui consiste dans la transformation de la plus grande quantité possible de matière brute en végétaux et animaux, et de ceux ci en matière pensante ou humanité, est indéniable. Bien plus, nous n'apercevons pas de limites à l'intensité de vie et d'intelligence qui pourra se développer avec le temps dans la masse invariable de notre terre.

II

Le bonheur stationnaire.

Mais alors surgit une autre question.

Nous sommes plus nombreux, plus savants, plus industrieux ; donc plus forts et plus riches. Sommes-nous plus heureux ?

De prime abord nous ne pouvons répondre ni oui

ni non ; mais ce dont nous sommes à peu près certains, c'est que, en présence de l'augmentation extraordinaire de la science, de l'industrie et de la population qui s'est manifestée dans les derniers temps, notre bonheur n'a pas suivi le même entraînement. Nous avons le sentiment qu'il n'y a pas de corrélation forcée entre le bonheur et le progrès : et cette découverte est certes une des plus affligeantes que nous ayons pu faire, puisque, connaissant la carrière infinie du progrès, rien ne nous rassure sur une marche équivalente du bonheur, qui peut rester stationnaire dans une science et une richesse vertigineusement accélérées, ou même qui pourrait rétrograder au point de nous laisser transformer à la longue en d'admirables abeilles, en de savantes fourmis, sans conscience et sans joie.

D'où vient pourtant cette scission qui fait que le bonheur reste en arrière, sans pouvoir suivre que de très loin les grands coups d'aile du progrès ?

On pourrait peut-être l'expliquer par une sorte d'ivresse passagère qui nous a fait perdre le vrai chemin et déserter le terrain solide sur lequel nous pouvions fonder notre bonheur.

La puissance accrue de la production a entraîné comme conséquence le développement et surtout le raffinement de la consommation. Les produits nouveaux étaient faits pour nous séduire : nous nous y sommes précipités. Une sensation nouvelle, en effet, est chose délicieuse. Mais combien peu elle est durable! Répétée, elle s'amoindrit; forcée, elle se fausse; peu à peu, elle se régularise, se consolide en quelque sorte par l'accoutumance, et, dépouillée d'une partie de sa saveur, ne fait plus que satisfaire un besoin supplémentaire ajouté à ceux que nous possédions déjà.

« Nous avons soixante-douze sens, disait l'habitant de Saturne, et nous nous plaignons tous les jours du peu. Notre imagination va au delà de nos besoins; nous trouvons qu'avec nos soixante-douze sens, notre anneau, nos cinq lunes, nous sommes trop bornés; et malgré toute notre curiosité et le nombre assez grand de passions qui résultent de nos soixante-douze sens, nous avons tout le temps de nous ennuyer. — Je le crois bien, dit Micromégas, car dans Sirius nous avons près de mille sens, et il nous reste encore je ne sais quel désir vague... »

C'est l'histoire de nos consommations accrues. Nous avons multiplié nos sensations, et simultanément nos besoins. En admettant que les sensations aient gardé l'avance, ce n'est toujours qu'un progrès provisoire que le temps efface, une sorte d'élan passager que le poids mort de l'habitude vient sans cesse ralentir.

Vêtements et logements étaient autrefois peu confortables et les moyens de chauffage très inférieurs à ce qu'ils sont maintenant; mais, supposons que l'on fût endurci au climat et que l'on ressentît moins la froidure, n'était-on pas alors à peu près dans la même situation qu'aujourd'hui, si l'on est plus frileux avec des calorifères perfectionnés? L'ordre public et la police étaient des plus insuffisants, les voyages, le commerce, le séjour même dans les villes et les transactions ordinaires de la vie donnaient lieu à toutes sortes de risques et de dangers; mais c'étaient là des obstacles plus grands pour la prospérité matérielle que pour le bonheur : une bravoure plus exercée pouvait rétablir l'équilibre; on était probablement accoutumé à ne point tant redouter la mort, et l'on ne souffrait pas de ce respect exagéré de l'existence qui est si fort en honneur aujourd'hui, et qui ressemble à de la peur. La vie moyenne, en ce temps-là, était plus courte; mais, avec une santé plus robuste et des émotions plus naïves, il pouvait se faire qu'on eût réellement plus vécu en un temps moins long qu'on ne fait maintenant durant un plus grand nombre d'années semées de souffrance et d'ennui.

Je ne veux pas, bien entendu, verser dans le paradoxe. Il est incontestable qu'il vaut mieux jouir d'une bonne alimentation, d'un excellent confort, de la sécurité des personnes, du respect des propriétés et, comme couronnement, de l'accroissement de la longévité. Mais ce qu'il faut retenir de la comparaison avec les conditions de nos ancêtres, c'est que le bénéfice dont nous avons hérité n'est pas entier, qu'il est au contraire très relatif, et doit être diminué de toute l'augmentation de nos besoins, dont la non-satisfaction serait une souffrance que ne connaissaient pas nos aïeux, et dont la satisfaction habituelle a cessé, à proprement parler, d'être un plaisir très vif pour nous.

Cela, joint à la limite physiologique de la sensibilité de nos organes, qui ne peut être indéfiniment accrue, explique suffisamment, à mon avis, que le bonheur n'ait pas suivi le mouvement rapide du progrès.

III

L'homme a les moyens d'être heureux.

On aurait pu, je crois, tirer meilleur parti des avantages acquis, et à cet égard je citerai un exemple que je trouve dans le livre d'Adam Smith sur la *Richesse des nations*.

« Dans un pays, dit-il, où il n'existe ni commerce étranger ni manufactures importantes, un grand propriétaire ne trouve pas à échanger la plus grande partie du produit de ses terres, et il en consomme la totalité chez lui, en une sorte d'hospitalité rustique... L'autorité qu'a nécessairement un grand propriétaire dans cet état de choses, sur ses tenanciers et les gens de sa suite, fut le fondement de la puissance des anciens barons... Mais le commerce étranger et les manufactures fournirent peu à peu aux grands propriétaires des objets d'échange à acquérir avec le produit superflu de leurs terres... Dès qu'ils purent trouver une manière de consommer par eux-mêmes la valeur totale de leurs revenus, ils ne furent plus disposés à en faire part à personne. Une paire de boucles en diamants ou quelque autre frivolité tout aussi vaine fut l'objet pour lequel ils donnèrent la subsistance d'un millier peut-être de personnes pour toute une année et, avec cette subsistance, toute l'influence et l'autorité quelle pouvait leur valoir... C'est ainsi que, pour gratifier la plus puérile, la plus vile et la plus sotte de toutes les vanités, ils abandonnèrent par degrés tout ce qu'ils avaient de crédit et de puissance [1]. »

Ainsi, pour des plaisirs nouveaux assez peu durables, les châtelains perdirent non seulement leur pouvoir et leur popularité, mais aussi vraisembla-

[1] Adam Smith. *Recherches sur la nature et les causes de la richesse des nations*, édition Jos. Garnier, tome II, pages 164, 165, 167, 168.

blement la plupart de leurs joies, car cette souveraineté hospitalière était une source de satisfactions continuelles et de plaisirs plus vifs que tous ceux qu'ils purent se procurer dans la suite.

Il y a donc tout lieu de croire que, pour cette noblesse, le raffinement dans la consommation fut la cause directe d'une diminution de bonheur.

Il serait facile de multiplier des cas semblables. Aujourd'hui encore, que fait le plus souvent un parvenu enrichi? Il achète un hôtel, le décore somptueusement, décore de même sa femme ou sa fille, prend voiture, chevaux et laquais, donne des fêtes d'apparat à des invités inconnus, méprise ses anciens camarades restés en situation plus modeste, abandonne le métier qui l'a enrichi, et s'ennuie.

Que ferait, au contraire, un riche avisé? Au lieu de dépenser ses revenus en luxe et en éclat vaniteux, il les dépenserait en hospitalité cordiale, en éducation et culture d'une nombreuse postérité, en développement de sa propriété ou de son industrie, par conséquent de son pouvoir, — (*Faire travailler, c'est gouverner*, me disait mon père), — et il recueillerait au centuple en joies d'amitié, de famille, d'activité, de succès, d'influence, le bonheur que l'autre ne trouve pas dans ses maigres satisfactions égoïstes.

C'est qu'en définitive nos sensatations ont moins de valeur en elles-mêmes et comme jouissances directes que comme prétextes à l'exercice de nos sentiments. Elles forment le canevas sur lequel il s'agit de broder en magnifiques couleurs. Si la trame est d'or ou de soie, tant mieux ; mais au fond cela n'importe guère, car tout le charme est dans la broderie. Or, dans la famille, pourvu qu'elle soit suffisamment nombreuse et unie, nous avons le champ le plus fécond où puissent récolter notre Sympathie et notre Personnalité. Dans notre métier, s'il est bien constitué, dans notre propriété, si elle est indépendante, dans notre participation au pouvoir public, si elle est libre et active, nous trouvons les occasions les plus variées et les plus attachantes d'exercer notre Personnalité et notre Intelligence. Dans le domaine des idées, des doctrines générales, des croyances traditionnelles, dans la religion enfin, pour désigner par ce mot tout ce qui nous rattache les uns aux autres et à l'activité de l'univers, nous trouvons de quoi enflammer notre Intelligence et donner carrière à notre Sympathie bien au delà des personnes, puisque, à travers le temps et l'espace, nous pouvons prendre part au fonctionnement de la nature entière.

Partout où il y a trace de bonheur, nous reconnaissons l'action isolée ou combinée de ces trois grandes facultés : la Sympathie, la Personnalité, l'Intelligence, — qui sont les puissants réactifs humains au moyen desquels nous découvrons, dans les faits les plus ordinaires de la vie, la moindre parcelle de plaisir ou d'émotion qu'ils peuvent contenir.

Même au point de vue le plus positif, rien n'est plus certain que ces faits, que chacun de nous peut observer : — Le moindre incident de famille, un mot, un succès d'enfant, à peine aperçu par un étranger qui est en dehors du cercle de la sympathie, a un retentissement extraordinaire dans l'âme des parents et des amis, qui sont reliés ensemble comme par une chaîne électrique. En pareil cas, le fait occasionnel disparaît pour ainsi dire sous l'accumulation des sentiments réciproques qu'il a provoqués. — Il en est de même dans la sphère de l'activité. Toute création personnelle et libre, même la plus modeste, est un motif délicieux d'épanouissement de notre moi, que vient encore corroborer l'intérêt bienveillant de ceux qui nous aiment. — — Enfin, dans l'ordre intellectuel, les faits les plus insipides et les plus médiocres, dès qu'ils s'éclairent au flambeau d'une science acquise, viennent dérouler dans le cerveau la longue chaîne des idées associées ; et il suffit, comme à Newton, d'une pomme qui tombe pour faire surgir dans un esprit bien préparé tout le spectacle merveilleux du mouvement des astres et des atomes.

Nos sentiments ne font pas autre chose que combiner, accumuler, renforcer les sensations ordinaires et les multiplier l'une par l'autre; or, comme les sensations simples sont de tous les instants, les sentiments qui les transforment en plaisirs ont un champ d'une étendue véritablement infinie.

Voilà, ce me semble, les vraies ressources du bonheur; et c'est en comparant, dans le passé, non la variété des sensations, mais la puissance des sentiments, qu'on pourrait mesurer l'intensité du bonheur aux différentes époques de l'humanité.

C'est une étude que je suis fort loin d'être en état d'accomplir; mais, en la faisant, peut-être trouverait-on que ni la famille, ni l'amitié, ni l'amour, ni le dévouement, ni la force d'âme, ni la conscience personnelle, ni même le culte de la nature, ne répondent actuellement à bien des modèles remarquables que nous a laissés l'antiquité héroïque et patriarcale, ou le moyen âge féodal et chrétien, ou la réformation protestante et libérale. Par là, nous aurions la démonstration complète des causes de la disproportion du bonheur relativement au progrès moderne, et aussi l'indication des efforts à entreprendre pour rehausser l'un au niveau de l'autre.

Les sentiments humains, si engourdis qu'ils soient, peuvent toujours être ranimés. C'est une question d'exercice. D'ailleurs, il ne s'agit de ressusciter ni des dévouements passionnés ni des héroïsmes sublimes, qui sont toujours des exceptions et qui remettent souvent en mémoire le dicton de Pascal : « Qui veut faire l'ange fait la bête. » Il s'agit simplement de reconnaître comment, par l'organisation de la famille, par la pratique du travail, par la constitution politique et par l'influence d'une doctrine généreuse, on peut raviver nos joies et communiquer au progrès une action nouvelle.

C'est une étude que tous les bons citoyens devraient faire dans leur intérêt propre et dans l'intérêt du pays ; et c'est en quelque sorte pour fixer les idées et pour fournir une base aux observations de chacun que je me permets de soumettre aux lecteurs de bonne volonté cette investigation sommaire des quatre grands cadres de la vie sociale :

La Famille,
Le Travail ou le Métier,
La Vie publique,
Et la Doctrine.

PREMIÈRE PARTIE.

LA FAMILLE

IV

Qu'est-ce que la famille? — Ses avantages particuliers et sociaux.

Nous sommes à une époque où il n'est pas facile vraiment de répondre à cette question : Qu'est-ce que la famille? — Il n'y a point de groupement habituel, pas de composition régulière, qui permette de dire : Voilà le type et le modèle.

Nous découvrons bien les membres de la famille, mais nulle part nous ne les voyons rattachés en un corps vivant.

Des parents qui, leurs enfants établis, redeviennent célibataires et rentrent, à l'âge de la vieillesse et des infirmités, dans les soins mercenaires ; ennuyés, mécontents, gémisseurs, redoutés du jeune ménage, auquel ils font subir sans partage la charge de leur critique ou de leur tendresse excessive et des gâteries pernicieuses dont ils accablent les petits enfants. Des époux condamnés au tête-à-tête, livrant leurs rares enfants à l'éducation des domestiques d'abord, de la pension ensuite, et fuyant alors le désœuvrement conjugal dans les distractions extérieures, s'ils peuvent en trouver. Des frères et des sœurs, quand il y en a, élevés à part, suivant des idées et des buts différents, étrangers presque les uns aux autres, souvent compétiteurs d'un même héritage, jaloux des faveurs d'un aïeul ou d'un oncle; des frères qui sont moins que des cousins, et des cousins qui ne valent pas les relations courantes de la société banale. Est-ce là la famille? — Non, mille fois non.

J'entends par famille la réunion sous le même toit, ou du moins l'intimité très grande, des vieux parents, des jeunes époux, des enfants nombreux, des collatéraux célibataires : tout un petit monde, un et divers, qui peut se suffire à lui-même, et qui se réchauffe, s'éclaire et se réjouit au foyer commun.

La famille est alors une source vive de joies et d'utilités.

En cas de vie commune, elle permet la combinaison des ressources individuelles pour le bien-être physique de tous. Si la cohabitation n'est pas possible, elle procure du moins le bien-être moral, par l'activité des relations intimes, la mise en commun des peines, des espérances et des succès, la multiplication des petits plaisirs quotidiens, avec la gaieté qu'amène la variété des âges et des caractères unis dans une même affection. Elle donne cette plénitude du cœur et cette clarté du bon sens qui préservent des fautes, des erreurs et des chagrins. Elle réunit enfin les conditions les plus favorables à la conception et à l'action. Par le rapprochement des aptitudes, des relations, des expériences diverses, elle excite les facultés inventives; par la sympathie dont elle entoure ses membres, elle augmente leur courage; par l'aide efficace qu'elle leur prête, elle leur communique la foi dans le succès; par le refuge affectueux qu'elle leur réserve en cas de revers, elle les délivre des funestes appréhensions, et leur permet de déployer toute leur énergie, sans craindre la misère et le désespoir de la défaite.

La famille est une assurance mutuelle contre les risques matériels de la vie, et aussi une assurance morale, unique en son genre, contre le grand sinistre de la mort. Vous qui méprisez la famille comme un ressort usé, travaillez donc, amassez, combinez les projets les plus sûrs, harassez-vous le corps et l'âme pour un être qui vous est cher; si vous arrivez au succès, quand l'heure de la jouissance sera près de sonner, que deviendrez-vous si la mère, la femme ou l'enfant pour qui vous accumuliez tant d'efforts n'est plus là pour en recueillir les fruits? Votre édifice élevé n'aura plus d'idole, le but de votre vie se sera évanoui, vous rentrerez dans la solitude morne et le néant. C'est une grande imprudence de ne pas assurer son bonheur, dès qu'on le peut, en se rattachant à une famille nombreuse. Quand on a la chance de posséder un lingot précieux, il faut se hâter de le monnayer : multipliez les exemplaires des personnes que vous aimez, propagez leur ressemblance; que la mort ne puisse vous les enlever tout entières, et que, dans le naufrage inévitable, vous soyez sûr au moins de sauver une partie de votre affection.

A tous ces points de vue, la famille est vraiment un organisme merveilleux; elle ressemble à ces plantes animées du fond de la mer, dont les parties vivantes tantôt se détachent pour nager dans l'onde qui les baigne et tantôt reviennent à la souche pour prendre part à la végétation commune, goûtant ainsi tour à tour la libre activité de l'être animé et la volupté tranquille de la plante.

La famille est une et multiple. Comme partie d'une unité, chaque membre jouit personnellement de tout ce qui intéresse le groupe; comme partie d'une pluralité, chaque membre jouit sympathiquement de tout ce qu'il partage avec les autres. A tous les degrés, on retrouve l'intime pénétration du sentiment personnel et du sentiment sympathique, c'est-à dire la combinaison la plus efficace pour la multiplication des émotions et la létification, si je puis dire, de tous les faits de l'existence, pour peu qu'ils s'accomplissent dans un milieu suffisamment favorable.

Si nous considérons les avantages sociaux, nous ne les trouvons pas moins éclatants.

La famille nombreuse, qui sait constamment former pour chaque génération une souche féconde, est un être impérissable, toujours égal à lui-même, et, ce qui vaut mieux encore, toujours en progrès sur lui-même.

Des enfants nombreux sont une pépinière où les sujets bien cultivés reproduisent en toutes sortes de combinaisons, délicieuses pour les parents, les qualités fortes ou charmantes du père ou de la mère, ou même d'ancêtres plus reculés, dont le génie semble revivre après avoir dormi pendant des générations. Plus la postérité est multipliée, plus ses aptitudes sont variées et se développent librement, plus aussi il y a d'assurance que la famille sera dignement continuée par la génération nouvelle et pourra fournir à la société son contingent d'individus remarquables, soit dans les carrières industrielles ou commerciales, soit dans les professions libérales, soit dans les fonctions publiques ou nationales, soit dans les entreprises hardies qui dépassent les bornes de la province ou de la patrie.

Ce dernier point est à noter. La famille nombreuse, groupée autour d'un centre commun, en même temps qu'elle maintient l'unité dans la variété, assure l'union dans la diffusion. Les peuples composés de ménages fractionnés, inféconds ou unipares, restent casaniers et routiniers : petits ménages, petites races. Au contraire, les peuples composés de larges familles fécondes, grandissent et s'étendent. Ils se mêlent incessamment dans l'enceinte des frontières du pays, et vont encore coloniser au delà. Le foyer permanent de la famille devient alors un réceptacle de toutes les lumières et de toutes les richesses qui viennent du dehors : c'est le creuset où tout se fond et s'amalgame; c'est la souche toujours verdoyante où se développe le germe de cette fraternité universelle qui semble une chimère et qui, en définitive, est une réalité croissante. Qui sait de combien de liens de famille inaperçus s'est formée l'unité de la patrie, et s'achèveront le libre-échange et le droit international !

V

Nécessité d'une éducation préparatoire pour développer l'aptitude familiale.

Cet idéal de la famille nous laisse froids. Nous ne le comprenons plus, ou, s'il provoque un regret platonique, c'est là tout. Loin de faire le moindre effort pour reconstituer à notre usage un groupement de famille, nous sommes pénétrés de l'inutilité d'une tentative de ce genre et dégoûtés d'avance des ennuis qu'elle nous causerait.

Il ne faut pas se dissimuler, en effet, que l'aptitude familiale a en partie disparu.

Les jeunes gens songent bien encore à se marier et à avoir un ou deux enfants, mais leur capacité affective ne comporte pas davantage. Proposez-leur de vivre avec des parents, avec des beaux-frères et belles-sœurs, avec un oncle ou une tante, ils reculeront épouvantés. Les caricatures, les comédies et les romans leur ont dépeint d'avance l'enfer qui les attendrait. Le mariage, tel qu'on le comprend aujourd'hui, est un moyen de sortir de la famille et non d'y entrer. Nous avons horreur de la communauté de nos proches, encore plus que d'une cohabitation phalanstérienne telle que l'offrent les pensions banales, les hôtels, les caravansérails d'hospitalité et de domesticité publiques qui se multiplient en Europe, et qui semblent d'un usage encore plus fréquent dans la société américaine. Nous sommes jaloux de notre indépendance, et ne voulons l'aliéner à aucun prix.

Cette tendance séparatiste, loin de marquer un progrès de l'humanité, ne prouve absolument qu'une chose : c'est que nulle intimité véritable n'est possible entre gens qui diffèrent d'impression, de jugement et de conduite sur tous les principaux points de la vie. Comment voulez-vous qu'une famille ou même qu'une amitié subsiste, quand les parents ou les amis ne peuvent pas émettre franchement leur opinion sans se blesser ou s'irriter réciproquement ! Toute communauté matérielle est le reflet d'une communauté de sentiments et d'idées; une famille exige une unité morale, et la famille peut être d'autant plus nombreuse que cette unité est plus grande.

Il est bien clair que, quand la société est divisée, il y a toutes les chances possibles pour que les familles soient désunies (et malheureusement cette désunion réagit encore sur la division sociale) ; le fractionnement moderne des ménages est donc un fâcheux indice de notre état provisoire; il reproduit exactement le fractionnement des esprits, qui, du moins faut-il l'espérer, tient à une phase passagère de notre révolution inachevée.

Les circonstances ont rendu difficile ou pénible l'agglomération des familles, et nous avons successivement perdu le goût et la faculté de vivre dans une étroite union. C'est une habitude, en effet, et un talent qu'il faut contracter dès l'enfance. Ce n'est pas quand on a passé vingt-cinq ou trente ans dans le vagabondage de son humeur et de sa fantaisie qu'on peut ensuite se plier à une règle commune et qu'on le fait avec plaisir. Il est bien plus commode de vivre à sa guise à travers le monde, en se prêtant à des amitiés d'occasion, comme on prend place à table d'hôte. Il n'en va pas de même pour se soumettre à une intimité constante ; il y faut une tenue, une possession de soi et une dose d'abnégation qui ne s'acquièrent que par la culture. Tenez pour certain que l'homme qui vit seul, ou qui se confond dans la foule en étranger volontaire, sous prétexte d'indépendance, est un être qui, par nature ou faute d'éducation, est impuissant à vivre en communauté de famille, et, consciemment ou non, en porte la peine.

Nous autres, adultes, nous sommes à peu près impuissants à sortir de l'isolement dont nous souffrons ; malgré nos regrets, nous nous sentons incapables des sacrifices au prix desquels il nous faudrait acheter les joies dont nous sommes privés ; nous avons perdu une grande faculté d'être heureux. Soyons donc prévoyants si nous voulons munir nos enfants de ce qui nous manque, et les doter d'un fonds de bonheur dont nous sommes appauvris.

L'art d'être heureux et de rendre heureux ceux qui nous entourent, n'est pas un art qui s'improvise ; il faut l'inculquer aux enfants dès leur plus jeune âge, comme on greffe les petits sauvageons qui poussent capricieusement dans les bois. Ce savoir-vivre, on le néglige cependant. Rien n'est plus ordinaire que l'indifférence des parents à cet égard. On se soucie peu de ménager ce suprême intérêt dans la vie : point de préparation habile, point d'initiation successive. On pousse l'enfant dans la mêlée du collège, image trop exacte de la mêlée de la vie. Au lieu d'éducation, on se fie au hasard. On laisse l'enfant se débrouiller, il se débrouille : il se conforme extérieurement à la contrainte qu'on lui impose, et en dessous il suit son penchant naturel et son égoïsme secret. Chacun, dans l'abandon du collège, peut à sa guise se renfermer dans quelque attachement hasardeux, se répandre dans une camaraderie banale, suivre ses caprices d'affection, ou même vivre à l'écart si son humeur est chagrine, s'acheter d'ailleurs des défenseurs ou des courtisans à prix de billes, de gâteaux, de complaisances parfois honteuses ou de coups de poing. Tout cela n'incline guère à vivre en famille et à jouir de la famille ; c'est une école d'adresse ou de violence sociale, et rien de plus.

De tels procédés d'éducation régimentaire sont antifamiliaux, et dès lors antisociaux.

C'est, je pense, parce que nous avons si peu d'enfants que nous les élevons si mal. Des fils et des filles uniques ne sont pas commodes à façonner. D'abord, ils n'ont pas toujours les goûts et les facultés que nous nous obstinons à leur inculquer ; ensuite, non entourés de frères et de sœurs, ils ne peuvent, à la maison, exercer cet instinct d'imitation mutuelle qui est une des ressources les plus précieuses de l'éducation. L'esprit d'imitation des enfants les uns à l'égard des autres est si efficace, qu'il supplée dans une large mesure au talent de l'éducateur ; en tout cas, il faut une habileté supérieure chez le maître pour remplacer cette mutualité des élèves. C'est là ce qui rend si difficile et d'un succès si incertain toute éducation isolée, et c'est pourquoi l'on a recours au collège et à la pension.

Si nos enfants étaient plus nombreux, leur éducation serait plus facile. N'ayant plus nous-mêmes le loisir dêtre tyranniques ou débonnaires, et nous heurtant à l'inertie du nombre, chaque fois que nous voudrions forcer la nature, nous serions bien obligés de nous maintenir dans les justes bornes et d'arriver à ce mélange de discipline et de liberté qui est le régime le plus favorable à l'éclosion des aptitudes. La bonne méthode de l'éducation dans la famille redeviendrait alors praticable. Combinée avec les leçons publiques, les exercices publics, les récréations publiques, elle assurerait à la fois le développement intellectuel et moral, la culture générale de l'esprit et l'initiation familière aux pratiques professionnelles ; elle établirait surtout solidement les bases premières de l'organisation de la famille.

Ces bases principales me paraissent être :

1° Le respect et l'amour à l'égard des parents, sentiments naturels qui se développent pour ainsi dire d'eux-mêmes dès que l'émulation affective, qui va toujours du plus grand nombre au plus petit, est normalement dirigée des enfants vers les parents, au lieu de l'être abusivement des parents vers les enfants.

2° Le commerce prolongé des frères et des sœurs, qui implique l'habitude du bon ordre, du concours mutuel et des concessions réciproques. A cet égard, plus les éléments sont variés, plus il est facile de développer l'émulation des sentiments, et plus l'entente est praticable : les sœurs concilient les frères, les frères concilient les sœurs, et les parents concilient tout le monde.

3° La création d'un fonds identique de sentiments et d'idées par les conversations, les lectures, les repas, les promenades en commun, par l'habitude donnée à chacun de rapporter au trésor intellectuel de la famille toute nouvelle connaissance acquise. C'est d'un tel échange d'instruction familière entre les aînés et les plus jeunes, entre les frères et les sœurs, entre les parents et les enfants, que résulte l'unité de la famille. Cela n'est pas bien difficile à obtenir : il n'y a qu'à utiliser le racontage des enfants et leur curiosité. Quand les parents ont le soin de ne pas laisser s'égarer ces dispositions natives, et de les ramener toujours insensiblement aux sujets instructifs, ils deviennent les plus utiles des répétiteurs, comme ils sont aussi les premiers et les plus parfaits des instituteurs professionnels. Ce double rôle pour les parents n'est ni sans intérêt ni sans profit. Il les force à entretenir leur savoir et, pour répondre aux objections inattendues des enfants, à réfléchir plus qu'ils ne feraient sans cela, tant sur les questions générales de la science et de la vie que sur les questions spéciales de leur propre métier.

Voilà, si je ne m'abuse, les remèdes naturels au poison de l'individualisme qui envahit et qui délabre la société moderne.

Il me paraît, en résumé, qu'entre enfants d'une

postérité nombreuse, l'affection et la communauté d'idées naissent pour ainsi dire toutes seules de l'éducation commune et de la jeunesse écoulée ensemble[1]. Quand vient la majorité, tout ce monde se trouve lié sans le savoir ; le père peut mourir, l'autorité peut s'amoindrir, l'entente reste. Bien plus, l'aptitude sociale est créée ; qu'il survienne des membres nouveaux, que d'autres émigrent par alliance dans une famille étrangère, l'assimilation dans un cas ou l'adaptation dans l'autre deviendra facile, quand elle serait intolérable pour le fils ou la fille unique qui a vécu dans l'indépendance et la souveraineté.

VI

La famille organisée. — La répartition des fonctions.

Si les enfants sont plus commodes à élever dans des familles nombreuses, les parents s'y montrent aussi meilleurs éducateurs et mieux doués des vertus de leur fonction, dont la pratique est plus aisée.

[1] On voit quelquefois, il est vrai, deux frères ou deux sœurs qui ne s'aiment pas, bien qu'ils aient été élevés ensemble, qui sont au contraire jaloux l'un de l'autre : c'est un accident déplorable dans une petite famille, mais qui disparaît dans une famille nombreuse. Lorsqu'il y a plusieurs frères, on voit toujours se développer le sentiment fraternel, sinon entre tous, au moins entre la plupart.

Ainsi, ils sont d'autant plus impartiaux que leur affection est plus divisée, d'autant plus perspicaces que la variété des sujets leur offre un choix plus facile, et, quand vient l'âge où il s'agit de faire des hommes, d'autant plus capables de discerner parmi leurs élèves ceux qui sont les plus dignes de les continuer dans la direction de la famille ou dans la profession héréditaire.

Nous rencontrons ici dans ce petit canton de la famille le plus grand de tous les problèmes sociaux, celui d'où dépendent à la fois la force et la prospérité des peuples et des particuliers, et qui consiste à répartir les fonctions entre les individus d'après leurs aptitudes, en leur attribuant les moyens d'action corrélatifs.

Dans une société bien organisée, les fonctions doivent-elles être héréditaires? — Oui et non. La transmission héréditaire, lorsqu'elle se produit librement, en dehors de toute contrainte, a une grande importance pour la conservation des traditions et le perfectionnement continu des procédés du travail; elle est un stimulant incroyable pour le père, un avantage énorme pour l'enfant. Or, il n'y a pas de plus sûre promesse de cette transmission que le désir ardent du père de trouver un successeur dans son fils, et de continuer par ce second lui-même, avec une passion presque égale, l'entreprise ou le travail que les fatigues de l'âge l'empêchent de poursuivre.

Mais, d'autre part, et c'est un des plus grands progrès modernes, l'hérédité des fonctions doit être subordonnée aux aptitudes ; elle s'efface devant la liberté des vocations, qu'il faut toujours scrupuleusement respecter. N'est-ce pas encore l'affection du père, voulant avant toute chose le bonheur de son fils, et d'autant plus facilement résigné qu'il a un plus grand choix d'héritiers, qui garantira cette liberté ? Enfin, la liberté n'est pas le hasard. Ne fût-ce que pour discerner la vocation véritable d'un enfant, il faut une longue observation, intelligente et patiente autant qu'impartiale. D'où viendra-t-elle encore, sinon des parents surveillant eux-mêmes l'éducation de leurs enfants ?

Ce qui est nécessaire à toutes ces fins, c'est que le père vive longtemps et qu'il assure par la sanction de son autorité affectueuse le meilleur choix des professions, la meilleure distribution des rôles, celle qui sera le plus en harmonie avec les qualités diverses de ses enfants. Il peut alors prendre pour associés, dans l'administration de la famille et des biens communs, ceux de ses fils qui montrent le plus d'aptitude à lui succéder ; il les fait profiter de sa longue expérience professionnelle, et les guide dans leurs efforts pour fonder à leur tour une nouvelle famille. Il place les jeunes gens tranquilles et casaniers dans les emplois les plus conformes à leurs goûts, les plus voisins de la maison paternelle, où l'hospitalité leur est toujours réservée. Et il donne la volée lointaine aux plus ardents, qui, ne trouvant pas au pays de quoi satisfaire leur jeune ambition, se montrent résolus à tenter fortune au dehors. De près ou de loin, par lui-même ou par ses lieutenants, quelle que soit la diversité des vocations ou la différence des réussites, les liens de fraternité doivent être maintenus aussi étroitement qu'il est possible et resserrés périodiquement dans d'affectueuses réunions. On arrive alors à ce résultat merveilleux : que tout le monde est libre et ne se sent point isolé, que chacun affronte la lutte, agit, va de l'avant et développe toutes ses facultés, sachant qu'il a un refuge, un lieu de repos et d'asile, un centre de secours, un objet permanent enfin où reporter sa joie et son triomphe.

Quelle profonde satisfaction pour un père, lorsqu'il a terminé sa mission, de se sentir rassuré sur le sort de ses enfants, de jouir par avance de leur prospérité, d'embrasser d'un dernier coup d'œil tout l'avenir heureux de sa descendance ! N'est-ce pas comme une continuation de vie par delà la mort, et comme la possession d'un paradis qu'on s'est édifié soi-même ?

Une telle joie n'est pas donnée à tous. Le père meurt trop souvent avant d'avoir accompli toute sa tâche. Quand la famille est petite, c'est une catastrophe qui a les plus funestes conséquences : la mère abandonnée à elle-même ou à des influences étrangères ; l'éducation des enfants mal ordonnée ou mal suivie ; les liens d'affection et de respect relâchés ; les jeunes gens entrant au hasard dans le combat de la vie ; l'oubli des traditions, le morcellement de l'héritage et la dispersion de toutes les valeurs morales ou organiques qui formaient la principale fortune de la famille... : il est rare que les affections résistent à de tels ébranlements.

Contre une pareille calamité, la famille organisée réussit mieux à se défendre. Une parenté nombreuse, habituée à l'union et à la solidarité, sera toujours en état de fournir quelque tuteur dévoué qui assiste la mère pour achever l'éducation commencée et conserver l'héritage de la famille. La mission paternelle, dans ce qu'elle a pour ainsi dire de providentiel, est alors sauvegardée autant qu'elle peut l'être.

Quoi qu'il arrive, répétons-le, ces deux problèmes, qui semblent contradictoires : — l'hérédité des fonctions, la liberté des vocations, — ne trouvent leur conciliation que dans la famille féconde. Si le père n'a qu'un enfant, c'est le hasard qui dispose de la succession ; toute garantie d'hérédité ou de liberté disparaît. Quand, au contraire, le père est entouré d'enfants nombreux, il n'a qu'à puiser dans sa progéniture : tous les éléments, de conservation ou de rénovation, d'autorité ou de subordination, y sont réunis et s'y prêtent un mutuel concours.

Les familles fécondes sont donc les seules qui restent assurées, autant qu'il est possible, du maintien de leur prospérité et d'une progression nouvelle. En dehors d'elles, il semble que la dégénérescence doive fatalement survenir en un temps donné, soit par manque d'hérédité, soit par mauvaise hérédité, soit par défaut de liberté, soit par excès de liberté.

La bonne organisation des familles trouve ainsi sa confirmation dans la loi naturelle la plus générale, la plus puissante et la plus inéluctable qu'on ait encore observée : je veux dire la loi de sélection et de progrès. Il faut nous y arrêter un instant.

VII

Le bonheur n'est certain que s'il n'entrave pas le progrès. — La famille doit obéir à la loi de sélection.

Vous rappelez-vous le géomètre de Voltaire expliquant à l'Homme aux quarante écus qu'il a en moyenne vingt-trois ans à vivre, mais qu'il en faut déduire le temps de l'enfance, celui du sommeil et de l'ennui, du chagrin et des douleurs. Restent les courts instants du plaisir et de l'espérance.

« Miséricorde ! s'écrie l'homme, votre compte ne va pas à trois ans d'une existence supportable ! — Ce n'est pas ma faute, repart le géomètre. La nature se soucie fort peu des individus. Il y a d'autres insectes qui ne vivent qu'un jour, mais dont l'espèce dure à jamais. La nature est comme ces grands princes qui comptent pour rien la perte de 400,000 hommes, pourvu qu'ils viennent à bout de leurs augustes desseins. »

On retrouve la même pensée décourageante dans la bouche du Philalèthe de M. Ernest Renan : « Nous sommes, dit-il, dupés savamment par la nature, en vue d'un but transcendant que se propose l'univers et qui nous dépasse complètement... Nous travaillons pour un dieu, de même que l'abeille, sans le savoir, fait son miel pour l'homme [1]. »

Que nous soyons les esclaves d'une volonté supérieure, insensible ou indifférente à nos péripéties individuelles, je n'en sais rien; mais, esclaves ou non, c'est affaire à nous, en suivant les lois qui nous sont imposées, de bercer, chemin faisant, nos joies

[1] *Dialogues philosophiques*, p. 31, 45.

individuelles au courant du grand fleuve qui nous entraîne.

La nature, si l'on personnifie sous ce nom le fonctionnement général de l'univers, est rigoureuse pour tous ceux d'entre nous qui tentent de se révolter contre elle; mais, pourvu que nous respections ses règles, elle nous laisse la liberté d'organiser notre servitude au mieux de notre intérêt personnel. Cette grande souveraine, dit-on, ne considère que les espèces, et, pour arriver à son but, elle leurre les individus. Pourquoi cette imposture ? Le maître n'a besoin de tromper son ouvrier que quand celui-ci est hostile ou inintelligent; mais, si l'ouvrier sait comprendre sa tâche et épouser le projet du maître, s'il prend un intérêt dans l'entreprise, c'est le succès du maître qui lui apporte aussi sa propre récompense.

Notre suprême habileté, en ce monde, est de ménager notre participation dans les bénéfices de la nature et de passer du rang de dupes à celui d'associés. En d'autres termes, il nous faut rapporter nos moyens de bonheur aux lois qui régissent notre fonctionnement physiologique et social.

Or, la loi la plus inflexible à laquelle nous devions nous soumettre est celle du progrès : tout l'indique, dans l'histoire naturelle comme dans l'histoire sociale.

La nature a semé dans le monde beaucoup plus

de germes qu'il ne peut y avoir de naissances, elle permet beaucoup plus de naissances qu'il ne peut y avoir d'existences, et plus d'existences qu'il ne peut y avoir de mariages féconds. C'est sur cette profusion qu'elle spécule en vue de la conservation des êtres et de leur perfectionnement.

Il en résulte, en effet, une compétition passionnée entre tous ceux qui veulent vivre, et dont un grand nombre ne peut pas vivre, entre tous ceux qui veulent se reproduire, et dont un grand nombre n'est pas bon à propager. Or, dit Darwin, « tous les êtres vivants d'une même région luttent constamment entre eux avec des forces à peu près balancées, et il peut suffire d'une modification insensible dans l'organisation ou les habitudes de l'un d'entre eux pour lui assurer l'avantage sur les autres [1]. » Dans cette concurrence universelle, ceux, parmi les êtres qui sont les moins bien pourvus, disparaissent sans laisser de descendants; ceux qui sont les mieux doués subsistent et se propagent, et communiquent à leurs enfants, par hérédité ou éducation, les qualités particulières qui ont fait leur succès dans la vie. De génération en génération, la transmission héréditaire accumule tous les progrès réalisés par la

[1] Ch. Darwin. *De l'origine des espèces par sélection naturelle ou des lois de transformation des êtres organisés.* Traduction de Clémence Royer, p. 97.

série des ancêtres; dans chaque race, les organes et les facultés s'adaptent de mieux en mieux aux conditions d'existence, les besoins et les habitudes se particularisent, la division du travail et de la consommation s'établit, et le nombre des individus qui peuvent subsister augmente toujours. La plus grande diversification possible d'organisation a permis la plus grande somme possible de vie. Et le progrès s'est accompli sans autres moyens que le grand nombre, la liberté, la sélection et l'hérédité.

L'homme est, comme tous les êtres, assujetti à ces grandes lois. Les races humaines se disputent la surface de la terre; dans chaque race, les nations diverses rivalisent entre elles pour la prépondérance; et, dans chaque nation, les familles et les individus luttent pour la richesse et l'autorité.

Dans cette lutte incessante et inévitable, salutaire d'ailleurs, puisqu'elle est la condition du progrès, qui remportera le prix du nombre, de la liberté, de la sélection, de l'hérédité? Sera-ce le ménage inconsistant et débile, ou la famille puissante et organisée comme celle que nous avons décrite? Sera-ce l'enfant unique, mal doué, mal élevé, isolé plus tard dans la vie, ou la fraternité vigoureuse et unanime conduite par le meilleur héritier du génie de la famille?

N'est-il pas évident que la force sera aussi là où

nous avons signalé le bonheur? Eh! vraiment oui, cela est évident, car le bonheur est identique à la force et au succès, et c'est une contradiction extraordinaire que de le chercher ailleurs.

A l'égard des animaux et des plantes, le procédé de la nature est sommaire : ou le succès ou la mort. Sois heureux, dit-elle, ou je te tue.

L'humanité, elle, à su échapper à cette alternative. Elle n'a pas violé la loi, elle en a régularisé et adouci l'application. Par quel moyen? Par l'organisation permanente de la famille et de l'État, qui protège à la fois l'individu fort contre les défaites accidentelles, et l'individu faible contre les abus qui le menacent.

Et, de fait, la loi de sélection et de progrès n'exige qu'une chose : c'est que les plus dignes et les plus capables soient les chefs dirigeants et les propagateurs de la race; mais elle ne s'oppose pas à ce que les médiocres, les inférieurs et les infirmes soient aussi heureux qu'ils peuvent l'être dans une subordination raisonnable, et prolongent aussi longtemps que possible leur existence, pourvu qu'ils n'affaiblissent pas sensiblement la race dont ils font partie en y multipliant les médiocrités et les infirmités.

Au lieu de l'extermination sauvage, au lieu des barbaries de l'esclavage, la subordination volontaire et libre est donc aujourd'hui le refuge de tous ceux qui ne peuvent ou qui n'osent affronter les périls de la lutte dans les carrières indépendantes. Et cette condition du salariat, transitoire pour quelques-uns, définitive pour beaucoup d'autres, est juste et souvent heureuse, tant qu'elle reste en ses véritables limites.

Mais il peut arriver, d'une part, que le salariat immobilise dans une subordination forcée des hommes plus capables que leurs chefs, dont la valeur fait défaut au progrès social en même temps que leur souffance réagit sur la stabilité générale; et, d'autre part, il peut arriver aussi que le salariat, même pour les individus incapables d'être autre chose que des salariés, dégénère en oppression et recule un peu plus vers une forme quelconque de la servitude.

Pour surveiller et empêcher ces atteintes à la force et au bonheur de leurs membres, ce n'est pas trop de la double et vigilante protection de la famille et de l'État, et des deux actions, c'est encore celle de la famille que j'aperçois comme la plus efficace; car, si l'État agit par réglementation et législation, la famille, elle, agit par amour, par influence persistante, par concours empressé et avec un discernement de cœur bien supérieur à la froide raison administrative.

Partout où l'action de la famille disparaît ou

faiblit, l'individu isolé, hors d'état de tenir tête à la concurrence, n'aspire qu'à être exempté de la lutte où il se trouve désarmé et impuissant.

Si cette tendance se généralise, on voit apparaître le protectionnisme de l'État, la réglementation et la centralisation administratives, le socialisme officiel ou populaire, c'est-à-dire la suppression de la liberté et de la sélection, et, avec elle la dégénérescence fatale du pays et le régime de tous les abus : alors, la souffrance et le salariat s'étendent de plus en plus, au lieu de disparaître en proportion des progrès de la division du travail.

Il en est tout autrement quand l'action de la famille est vivace. L'individu soutenu par elle se sent fort et capable de liberté. Ce n'est plus un naufragé ballotté au hasard des courants; c'est un hardi marin monté sur un bateau insubmersible, qui navigue fièrement au grand vent de la mer sans remorqueur ni sauveteur.

La famille, en définitive, est l'instrument social par excellence pour la sélection des chefs et la protection des subordonnés. C'est donc par elle seule que le bonheur des individus peut se concilier avec l'accomplissement formel des lois strictes de la nature, dépouillées de leurs sanctions trop rigoureuses.

VIII

Vérifications expérimentales de la théorie de la famille.

Ce serait une étude curieuse et digne de la philosophie contemporaine de vérifier expérimentalement, par l'histoire et l'observation comparée, les considérations que nous venons d'exposer. N'est-ce pas l'infériorité de la famille chez les Grecs qui explique le déclin de cet admirable peuple, plus intelligent, plus industrieux, plus artiste, plus savant et aussi brave que le peuple romain? La famille romaine a conquis le monde, et la famille juive l'exploite encore.... La statistique des nations présentes nous donnerait certainement une série progressive d'avancement social, d'indépendance politique et de moralité, suivant la proportion plus grande des familles fécondes dans la population, et surtout dans cette partie de la population qui comprend les classes dirigeantes.

A un point de vue plus restreint, l'histoire des familles les plus remarquables de chaque pays, avec les circonstances de leur succès et de leur décadence, quand elle est survenue, serait un cours de morale pratique des plus attachants et des plus instructifs. Un homme éminent à beaucoup d'égards, M. Le Play, a déjà fait ou dirigé plusieurs tentatives en ce genre, sans cependant s'attacher aux exemples les plus frappants par leur notoriété. Nous renvoyons le lecteur à ses intéressants ouvrages, en l'avertissant néanmoins des préoccupations religieuses de l'auteur, qui en rendent peut-être les conclusions trop absolues.

Après des observations réitérées « chez tous les peuples libres et prospères de l'Europe et des régions contiguës de l'Asie, » l'auteur arrive aux constations suivantes :

« La famille-souche (c'est le nom qu'il lui donne) se développe d'elle-même chez tous les peuples qui, après s'être approprié les bienfaits du travail agricole et de la vie sédentaire, ont le bon sens de défendre leur vie privée contre la domination des légistes, les envahissements de la bureaucratie et les exagérations du régime manufacturier. Cette organisation associe aux parents un seul enfant marié ; elle établit tous les autres avec une dot dans un état d'indépendance que leur refuse la famille patriarcale. Elle perpétue au foyer paternel les habitudes de travail, les moyens d'influence et l'ensemble des traditions utiles créées par les aïeux. Elle constitue un centre permanent de protection auquel tous les membres peuvent recourir dans les épreuves de la vie; et elle donne ainsi aux individus une sécurité qu'ils ne sauraient trouver dans la famille instable...

« L'observation des peuples les plus prospères démontre que la fécondité n'est pas moins nécessaire pour perfectionner les civilisations puissantes que pour les fonder, et qu'elle reste toujours, dans les meilleures organisations sociales, une loi essentielle à la famille. Chaque année, en effet, ces peuples améliorent leur agriculture et développent leur industrie; de là un surcroît de travail auquel on doit pourvoir par la création de nouvelles maisons. Le reste de la population s'emploie dans l'armée, dans les diverses fonctions ayant pour objet l'amélioration intellectuelle et morale de la société, enfin dans les colonies, élément nécessaire de toute nationalité en progrès...

« Les penseurs qui, de notre temps, s'efforcent de trouver en dehors de la famille de nouvelles combinaisons sociales, vont chercher bien loin ce que l'humanité a toujours pratiqué avec succès. La famille-souche, en effet, répond à tous les instincts légitimes de l'humanité; et c'est pourquoi l'ordre public règne partout où la coutume l'a fondée, où la conception des gouvernants et la loi ne l'ont pas détruite. Elle satisfait aux aspirations diverses qui sont, à titre trop exclusif, la raison d'être de nos partis politiques : ainsi, elle fait une juste part à la tradition comme à la nouveauté, à la liberté comme à la contrainte, à la quiétude de l'association comme aux émotions de l'individualisme. Mais la famille-souche assure, en outre, aux individus ce que les partis politiques et les réformateurs contemporains ne recherchent guère : le bonheur dans la vie privée. Chaque membre de la communauté jouit, au milieu des plus douces affections, du bien-être conquis par le travail des aïeux ; et quant à ceux qu'une perspective sûre, mais bornée, ne saurait contenter, ils gardent leur liberté ; ils trouvent même l'appui nécessaire pour chercher plus loin, et souvent plus haut, une situation mieux en harmonie avec leurs goûts et leurs talents.

« Les familles instables se désorganisent lorsque le père meurt en laissant des enfants en bas âge, ou lorsque aucun des enfants devenus adultes n'est capable de continuer la tradition paternelle. Les familles-souches, au contraire, résistent à ces épreuves. En effet, le père, qui ne peut, aux approches de la mort, assurer l'avènement immédiat d'un héritier digne de ses aïeux, lègue la direction du foyer domestique à l'un de ses parents célibataires.....

« Ce régime ne garantit pas moins l'intérêt public que le bonheur individuel : il dispense l'État et les communes de toute charge d'assistance, et leur assure au besoin, après avoir pourvu au service des familles, le concours d'un immense personnel de jeunes gens de l'un et de l'autre sexe, débarrassés par un triage spontané des faibles de corps et d'esprit, doués de l'énergie physique, des aptitudes morales, de l'éducation professionnelle, et même du capital nécessaire aux entreprises qu'une grande nation doit tenter à l'intérieur ou au dehors[1]. »

IX

Régime actuel des successions et modifications désirables.

Une autre donnée de l'expérience est que partout où la famille permanente est en vigueur, elle le doit à certaines conditions matérielles d'existence. Le régime successoral et le régime de la famille sont réciproquement dans une étroite dépendance, et il est difficile de décider quel est celui des deux qui exerce sur l'autre une influence dominante. Toujours est-il que là où le patrimoine de la famille est inconsistant, la famille est instable, et là où la famille est

[1] *La Réforme sociale en France déduite de l'observation comparée des peuples contemporains*, tome 1er, p. 356, 471-472 et 478-480.

permanente, le patrimoine se conserve. Il va sans dire qu'on ne créera pas la stabilité de la famille par cela seul qu'on immobilisera le patrimoine; mais on la favorisera certainement en n'exigeant pas dans tous les cas le morcellement de l'héritage.

Il y a à cela un intérêt non pas seulement d'ordre moral, mais aussi d'ordre économique.

En effet, la prospérité d'une entreprise résulte à la fois et d'une accumulation de valeurs matérielles et de leur parfaite adaptation au producteur et à la production. C'est cette adaptation qui communique aux choses une sorte de valeur organique, et qui se traduit pour l'établissement en un supplément considérable de prix. Ainsi, la terre aux mains de cultivateurs intelligents qui l'exploitent de père en fils, vaut plus qu'aux mains d'un fermier étranger qui s'y établit nouvellement; de même pour l'usine, lorsqu'elle est conduite par celui qui l'a outillée, et qui en a formé le personnel; de même pour le commerce ou la profession quelconque exercée par des titulaires qui ont l'expérience consommée du pays où ils vivent et de la clientèle qu'ils ont à servir. Dans ces conditions et toutes choses égales d'ailleurs, le fonds productif vaut plus pour l'homme qui en a la pratique familière que pour l'étranger qui l'acquiert à l'improviste. C'est pourquoi la valeur vénale d'un établissement est toujours au-dessous de sa valeur réelle, si on calcule celle-ci sur le rendement que le possesseur exercé réussissait à en tirer.

Toutes les fois donc qu'il y a vente à un étranger au lieu de transmission prudente à un successeur préparé à l'avance, il y a déperdition de valeur. C'est encore bien pis quand on ne peut pas réussir à vendre en bloc, lorsque personne ne se présente pour prendre la suite des affaires, et s'il faut diviser l'actif, c'est-à-dire le détruire, pour le réaliser.

Alors, on liquide en détail, on congédie le personnel, qui perd une partie de sa valeur professionnelle ; on vend l'immeuble, qui perd sa valeur d'appropriation ; on dissémine à la criée le matériel jadis rassemblé avec soin, qui perd ainsi sa valeur de combinaison, et, dans tout ce massacre, à peine pourra-t-on recouvrer une fraction du prix d'établissement. C'est une ruine pour la famille et un appauvrissement pour le pays, comme si un incendie avait réduit en fumée la plus grande partie de ce capital, naguère si fécond.

On voit qu'un bon régime de succession importe à la société tout autant qu'aux familles.

Or, écoutez ce simple exposé du système qui nous régit :

« Le Code civil cherche par tous les moyens à morceler le sol et à empêcher la transmission intégrale des patrimoines, petits ou grands.

« Non seulement le partage légal du patrimoine est la règle absolue de la dévolution *ab intestat* [1], mais encore chaque nature de biens doit à son tour être partagée également. Aux termes des articles 826 et 832, chaque héritier doit avoir sa part dans chaque immeuble : il n'est pas permis de mettre dans le lot d'un des héritiers tous les biens-fonds, sauf à celui-ci à donner des soultes en argent à ses copartageants ; et, comme sanction finale, si les immeubles ne sont pas commodément partageables, ils doivent être vendus par licitation.

« Le père de famille, il est vrai, a le droit d'attribuer, par préciput et hors part, la quotité disponible à un de ses descendants [2] ; mais cette quotité disponible est limitée au quart dès qu'il a trois enfants.

« Il peut, en outre, faire lui-même le partage de ses biens, soit par un testament, soit de son vivant, par une donation portant partage, qui doit être acceptée par tous ses enfants... Bigot-Préameneu (l'un des auteurs du Code) disait, à propos des partages d'ascendants, qu'ils neutraliseraient les effets fâcheux du partage égal : « Le père de famille « pourra ainsi éviter les démembrements et con-

[1] *Succession ab intestat*, non réglée par un testament.

[2] *Quotité disponible*, portion de l'héritage du père de famille, dont celui-ci peut librement disposer par legs ou donation, en faveur d'un enfant ou d'un étranger.

« server à l'un des enfants l'habitation qui continue « d'être l'asile commun... La division égale des « biens, ajoutait-il, détruit les petites fortunes ; un « petit héritage coupé en parcelles n'existe plus « pour personne ; si l'héritage demeure entier, il « reste un centre commun à la famille. » — Les faits ont aujourd'hui montré ce que valait ce tempérament. On n'a qu'à ouvrir les recueils d'arrêts pour voir que les partages d'ascendants sont une des sources les plus abondantes de procès...

« 1° Les articles 826 et 832 susindiqués sont appliqués rigoureusement à ces partages. En conséquence, la disposition par laquelle un père attribue tous ses immeubles à un de ses enfants, en le chargeant de payer des soultes en argent à ses frères et sœurs, entache le partage d'une nullité absolue. Encore que ces derniers aient accepté, ils peuvent en demander la nullité pendant trente ans après la mort du père... Souvent les enfants sont morts eux-mêmes, et ce sont leurs héritiers qui viennent porter le trouble dans une famille à laquelle ils sont en réalité étrangers.

« 2° Le partage fait par le père et accepté par tous les enfants est, comme un partage ordinaire, sujet à la rescision pour cause de lésion (art. 1079) [1]. Il suffit que cette lésion soit, pour l'héritier qui réclame, de

[1] *Rescision d'un acte*, annulation de cet acte.

plus du quart de ce qu'il aurait reçu si l'égalité avait été rigoureusement observée. Or, quand le père, désireux de maintenir intact le corps du domaine de la famille, a attribué la quotité disponible par préciput à un de ses enfants [1], la moindre erreur dans l'appréciation de la valeur d'un lot attribué à l'un des cohéritiers, suffit pour dépasser le *quantum* au delà duquel la lésion entraîne la rescision du partage.

« 3° Enfin, pour savoir s'il y a oui ou non lésion, la Cour de cassation décide qu'il faut examiner la valeur des biens, non pas au moment où la donation portant partage a été faite et acceptée, mais au moment du décès de l'ascendant (auteur du partage). Trente ans ont pu s'écouler entre ces deux moments; l'héritier à qui un lot avait été attribué du consentement de tous, y aura consacré son travail et ses économies : il perdra tout le bénéfice des plus-values qu'il y aura réalisées. Il y a là fréquemment matière à d'odieuses spéculations...

« Le défaut de valeur légale des procédés juridiques employés par les familles-souches (pour maintenir l'indivision du patrimoine) les expose à des procès ruineux dès que l'empire de la coutume fléchit. Ainsi s'explique le profond sentiment de

[1] *Préciput*, en latin *praecipuum*, de *praecapere*, prendre d'avance.

découragement qui, dans bien des portions du territoire, empêche les parents d'user des droits que la loi leur a laissés, et leur fait préférer la liquidation judiciaire aux dissensions et aux procès que soulèveraient leurs actes de dernière volonté[1]. »

On préfère la liquidation judiciaire, c'est-à-dire le partage forcé, l'allotement par des experts et le tirage au sort des lots d'héritage, ou bien la licitation avec les risques habituels de mévente et les énormes frais qui la grèvent : d'une manière ou d'une autre, c'est la désorganisation du domaine ou de l'industrie familiale, et, par conséquent, la dépréciation dans une mesure considérable de la valeur de l'héritage.

M. Le Play et ses disciples voient dans ces prescriptions du Code le plus grand obstacle au maintien des familles organisées. Aussi réclament-ils avec instance des amendements au régime successoral, et en première ligne l'extension de la quotité disponible à la moitié, dans tous les cas, de la succession. Cette mesure n'est, pour les honorables réformateurs, qu'un minimum indispensable auquel ils préféreraient de beaucoup la liberté testamentaire absolue, comme en Angleterre et dans la plupart des États unis d'Amérique.

[1] Extraits de *La Réforme du code civil*, par M. Claudio Jannet, insérée à la suite de l'*Organisation de la Famille*, par M. Le Play.

On aurait tort de condamner ces projets de réforme comme entachés de conservatisme à outrance ou d'esprit de réaction : ils sont, à mon avis, simplement libéraux. Il est évident que le système du partage forcé est encore plus nuisible à la petite propriété qu'à la grande, et que, dans certains cas, il est tout à fait destructif de la très petite propriété. C'est une arme à double tranchant qui, après avoir servi à ruiner les grandes fortunes nobiliaires au profit du pays tout entier, peut à son tour empêcher maintenant la consolidation et le développement des modestes biens de la démocratie[1].

Le partage égal et forcé entre les enfants était une mesure révolutionnaire qui a sans doute été utile

[1] Entre autres faits, M. Le Play cite l'histoire lamentable de la succession d'un ouvrier journalier qui, après dix-huit ans d'épargnes, était parvenu à posséder un petit mobilier, une chaumière, un jardin potager et un petit champ, ayant ensemble une valeur de 900 francs. Il meurt veuf et laisse quatre enfants en bas âge. Le conseil de famille, voulant mettre sa responsabilité à couvert, décide la vente des biens, qui, dans des circonstances défavorables, a produit seulement 725 francs.

Les frais supportés par les héritiers (savoir : 42 francs de frais de maladie du père, d'inhumation et de deuil; 8 fr. 85 de droit de mutation; 443 fr. 28 d'honoraires aux officiers ministériels, et 200 fr. 50 de timbres et d'enregistrement) se sont élevés à 694 fr. 63.

Il n'est donc resté pour les héritiers mineurs qu'une somme de 30 fr. 37.

« Si la succession avait été compliquée des divers incidents qu se produisent dans vingt-neuf affaires sur cent, le montant des frais aurait dépassé le produit de la vente. » (Le Play.)

en son temps pour diviser le territoire, en rompant l'immobilité des successions et la chaîne invariable de la primogéniture, mais qui pourrait devenir funeste à la longue si on voulait la perpétuer. Je crois qu'on ne faillirait pas à l'esprit libéral et progressif de 1789 en accordant au père de famille une plus grande faculté de disposer de ses biens.

Eh quoi ! on laisse cette liberté au célibataire qui n'offre aucune garantie, au prêtre qui s'est exclu de la famille, au moine qui a fait vœu d'obéissance et de pauvreté, aux hommes les plus détachés du monde et de l'intérêt public, et on la refuse au père de famille, qui seul est en situation de pratiquer toutes les vertus sociales ! On proclame libres ceux qui sont soumis à une captation perpétuelle, et on emprisonne ceux qui sont préservés des embûches par l'entourage d'une famille nombreuse ! Mais s'il y avait une tutelle à établir, il semble qu'il faudrait plutôt l'imposer aux irresponsables, à ceux qui vivent en dehors de la loi commune. D'ailleurs, si l'on veut absolument des limites, il est facile de maintenir la quotité disponible actuelle contre les tiers, et de n'étendre la liberté testamentaire qu'au profit des enfants, des frères ou des neveux. Ainsi tomberait l'argument des captations, et la fortune resterait toujours dans la famille.

X

La quotité disponible et les limites qu'elle impose aux familles permanentes.

Il y a certainement des réformes qui sont désirables. Faut-il les attendre d'un bienfaisant caprice du législateur, et languir jusque-là dans la désorganisation qui s'oppose au déploiement de notre force et de notre bonheur ?

Il me paraît plus sûr et plus pratique d'utiliser dès maintenant du mieux possible les ressources que peut nous laisser la loi. D'ailleurs, aucune réforme ne peut mûrir si elle n'a déjà pris quelque racine dans le terrain des faits accomplis.

Je n'insisterai pas sur les avantages indirects qui peuvent résulter de certains articles du Code :

Frais de nourriture, d'entretien, d'éducation, d'apprentissage, d'équipement, de noces et présents d'usage (art. 852) qui ne sont pas sujets à rapport ; — Profits que l'héritier peut tirer d'une association passée avec le père, et qui lui restent acquis si l'acte authentique d'où ils découlent ne contenait aucune fraude (art 854) ; — Fruits et intérêts des choses sujettes à rapport qui ne sont pas dus pendant la vie du donateur, et ne sont exigibles qu'à partir du décès (art. 856), une donation rapportable constituant en quelque sorte un prêt sans intérêt, etc., etc.

Ce sont là des avantages assez grands qu'un père peut conférer durant sa vie à l'un de ses héritiers, sans le constituer pour cela débiteur de la succession future [1].

Mais j'arrive à la quotité disponible. Voici, en prenant pour exemple une succession de 100,000 francs, la répartition qu'elle permet entre les enfants :

Nombre d'enfants	A l'héritier avantagé	Aux autres héritiers	Soit pour chacun d'eux
Trois.....	50,000	50,000 entre deux.	25,000
Quatre ...	43,750	56,250 entre trois.	18,750
Cinq......	40,000	60,000 entre quatre.	15,000
Six.......	37,500	62,500 entre cinq.	12,500
Sept......	35,714	64,285 entre six.	10,714
Huit......	34,375	65,625 entre sept.	9,375
Neuf......	33,333	66,666 entre huit.	8,333

[1] Ne serait-il pas possible aussi, dans le cas où la fortune de la famille serait engagée dans une exploitation industrielle, d'éviter le partage judiciaire ou la licitation par la mise en société de cette exploitation ? Le père en resterait le gérant, et pourrait s'associer l'un de ses fils comme cogérant et futur successeur. Après la mort du père, les enfants se partageraient les actions sociales ; mais l'exploitation resterait intacte, et le principal héritier en conserverait la direction. Ce successeur, devenu gérant du bien familial, pourrait ensuite, pour éviter les cessions à des étrangers, délivrer en argent les dots de ses frères et sœurs sous forme de rachat de leurs actions sociales.

Il est évident que, même avec un petit nombre d'enfants, cette répartition ne remplit pas le but que le père de famille peut se proposer.

Quelle est, en effet, l'intention du père en faisant usage de la quotité disponible en faveur d'un de ses enfants ? C'est d'assurer par lui la propagation de la race et la conservation du foyer commun comme centre de ralliement de tous les membres de la famille. A cette fin, le père fait en quelque sorte contribuer chaque frère aux frais généraux de la souche, c'est-à-dire au fonds de secours, d'assurance et de retraite, au fonds de perpétuité, dont la mise en valeur est confiée au frère le plus capable et le plus digne de remplacer le père dans la mission familiale.

Il faut donc que cet héritier soit placé dans une situation d'industrie et de ménage à peu près identique à celle du père. Or, d'après les chiffres ci-dessus, le frère avantagé ne pourrait, en aucun cas, maintenir par lui-même la situation paternelle. Il serait contraint de subordonner son mariage à la dot complémentaire que lui apporterait sa femme, condition bien contraire à l'union fraternelle, qu'il s'agit de maintenir. Chercher une grosse dot, en effet, c'est renoncer au choix de la femme, et, dans notre cas, ce choix est d'autant plus important que la femme est appelée à jouer un rôle plus considérable.

Une femme qui apporte une dot et des espérances apporte encore plus d'exigences, et il est fort à craindre que cette héritière, fille unique ou à peu près, ne soit ni la femme résolue à être une mère féconde et une éducatrice courageuse, ni la ménagère active et dévouée, habituée à la vie fraternelle et habile à grouper la famille autour d'elle.

Non, la famille ne doit pas être à la merci d'une dot étrangère. On peut admettre néanmoins que, les unions ayant lieu d'ordinaire entre familles de même rang, la femme apportera à son mari une petite dot ou une part d'héritage à peu près égale à celle des frères ou sœurs non avantagés du mari. Sous cette réserve, il n'en reste pas moins vrai que la part de l'héritier principal doit être augmentée; et comme la loi exige que celle des autres héritiers le soit simultanément, cela revient à dire que le père qui veut fonder une famille nombreuse ne pourra le faire qu'à la condition d'accroître son patrimoine.

Point de postérité nombreuse sans épargne. C'est la condition imposée par le code civil à ceux qui sont déjà possesseurs d'un capital et qui ne veulent pas déchoir.

Or, les épargnes dépendent à leur tour de l'importance des revenus. Le rentier, le capitaliste oisif, voire même le propriétaire-cultivateur, qui ne tirent pas 5 p. 100 nets de leurs fonds, ne sont pas capables de la même somme d'épargnes que le fermier agricole, l'industriel, le commerçant, le titulaire d'une profession active, qui aux 5 ou 6 p. 100 d'intérêts de leur capital joignent un salaire personnel à peu près pareil.

Je reprends donc mon hypothèse de tout à l'heure d'un patrimoine primitif de 100,000 francs, et je dis que son possesseur, s'il a suffisamment d'aptitude, peut jouir d'un revenu total de 10,000 francs, savoir : 5,000 francs d'intérêts de ses fonds, et 5,000 francs de rémunération de son travail, soit que son activité s'applique à la mise en valeur du capital, ce qui est la meilleure combinaison, soit qu'elle s'exerce autre part.

Sur un revenu de 10,000 francs, il n'est pas exagéré de prélever un dixième, soit 1,000 francs, et de placer tous les ans cette épargne en cumulant les intérêts des épargnes antérieures.

Au bout de trente années, le produit de ces placements successifs à 5 p. 100 s'élève à 66,000 francs, qui, joints au capital primitif, donnent à la succession une valeur totale de 166,000 francs.

De ces 166,000 francs, le père ne peut disposer librement que du quart, soit de 41,500 francs, somme qui n'atteint pas le chiffre de ses propres épargnes; le reste doit être partagé également entre tous les enfants.

Si le père a cinq enfants, et s'il se résout à user de son droit en faveur de son fils le mieux doué, voici comment peut s'établir la situation de ce principal héritier :

1° Il reçoit par préciput la quotité disponible, ci..............................	41,500 fr.
2° Il touche sa part d'enfant dans le reste de la succession, ci............	24,900
Ensemble...............	66,400 fr.
3° Il épouse une jeune fille qui lui apporte une dot d'environ...........	25,000 fr.
Total..................	91,400 fr.

Pour reconstituer les 100,000 francs du patrimoine héréditaire, il suffira donc au jeune homme de réunir, tant par ses économies personnelles que par les cadeaux de quelques parents célibataires, un petit pécule complémentaire de 8,600 francs.

Il paraîtra vraisemblable d'après ces données, dont on ne contestera pas la modération, que le principal héritier d'une famille nombreuse qui compte cinq enfants, puisse arriver assez facilement à une situation au moins égale à celle de son père, et soit, par suite, en état de continuer dignement la famille.

Si maintenant nous comparons les différents cas

résultant d'une autre productivité du capital et du travail, si nous supposons successivement un revenu réduit à 8,000, à 6,000, à 4,000 francs, nous voyons parallèlement le père obligé de réduire sa famille à quatre enfants, à trois enfants et au-dessous [1].

(1) Voici le tableau comparatif de ces différentes situations :

	A	B	C	D	E
Capital primitif.........	100,000	100,000	100,000	100,000	100,000
Revenu cumulé du capital et du travail..........	12,000	10,000	8,000	6,000	4,000
Épargne ou placement annuel (un dixième du revenu).............	1,200	1,000	800	600	400
Produit des épargnes à 5 p. °/₀ au bout de trente ans..................	79.200	66,000	52,800	39,600	26.400
Valeur totale de la succession...............	179,200	166,000	152,800	139,600	126,400
Quotité disponible (un quart)...............	44,800	41,500	38,200	34,900	31,600
Reste à partager également (chiffres faibles)..	134.400	124.500	114,600	104,700	94,800
— entre six enfants (chaque part est de..)	22,400	»	»	»	»
— entre cinq enfants (chaque part est de..)	»	24,900	»	»	»
— entre quatre enfants (chaque part est de..)	»	»	28,650	»	»
— entre trois enfants (chaque part est de..)	»	»	»	34,900	31,600
qui, jointe à la quotité disponible...............	44,800	41,500	38,200	34,900	31,600
donne au principal héritier	67,200	66,400	66,850	69.800	63,200
Reste à couvrir par les économies personnelles de l'héritier ou les cadeaux de la famille et par la dot de la jeune femme.	32,800	33,600	33,150	30,200	36,800
Total égal au capital primitif..................	100,000	100,000	100,000	100,000	100,000

On voit, d'après les chiffres de la colonne A, qu'avec un revenu de 12 p. 100, la famille peut maintenir sa situation tout en élevant six enfants; qu'avec un revenu de 10 p. 100 (colonne B), elle peut

Cette comparaison a une moralité : c'est que ni le propriétaire foncier ni le capitaliste oisif, avec trois enfants seulement, ne pourra procurer à son principal héritier la même situation de fortune qu'il avait lui-même, sans spéculer sur la dot de sa future belle-fille ; tandis que le capitaliste-producteur, en raison de son activité et de son épargne, pourra, dans de meilleures conditions, élever quatre, cinq et même six enfants, tout en assurant à l'un d'eux le capital nécessaire à la conservation du rang social de la famille.

M. Le Play a donc raison quand il prétend que les familles-souches de petits propriétaires agricoles sont abolies de fait par le système d'hérédité qui réduit la quotité disponible au quart de l'héritage. Mais on ne peut en conclure absolument que le sort des familles permanentes, c'est-à-dire des familles fécondes, soit généralement condamné. La famille n'a pas besoin pour se maintenir d'être matérialisée en quelque sorte et asservie à la glèbe d'un fonds de terre. En considérant le faible produit d'un bien-fonds, il semble au contraire que la propriété du domaine soit plus nuisible à la famille qu'elle ne lui

élever cinq enfants ; qu'avec un revenu de 8 p. 100 (colonne C), elle peut élever quatre enfants ; qu'avec un revenu de 6 p. 100 (colonne D), elle ne peut plus élever que trois enfants ; et enfin, qu'avec un revenu de 4 p. 100 (colonne E), tout en se bornant à ce dernier chiffre, il y aurait difficulté croissante à maintenir le rang social.

est utile, car elle l'empêche d'accumuler des épargnes en assez grande quantité pour pouvoir léguer sans fraude à l'héritier principal le patrimoine désirable.

Un paysan capitaliste qui se fait fermier au lieu de rester propriétaire, qui emploie son capital entier en fonds d'exploitation au lieu d'en immobiliser la plus grande partie en fonds de terre, peut facilement doubler son revenu. Ce paysan fermier ne sera-t-il donc pas mieux en état d'élever une nombreuse famille que le paysan propriétaire? L'affirmative n'est pas douteuse.

Ainsi, la famille nombreuse est plus réalisable pour les fermiers, les industriels, les entrepreneurs, les négociants, en un mot les capitalistes actifs, que pour les rentiers et les propriétaires, et cela du reste est rationnel ; mais ce qui l'est moins, c'est que la famille nombreuse soit encore plus réalisable pour les individus sans capitaux personnels, qui la fondent uniquement sur un revenu professionnel.

Les pères de famille de cette catégorie n'ont pas, en effet, à se préoccuper de la conservation ou de l'accroissement d'un capital existant ; ils n'ont qu'à subvenir à l'éducation de leurs enfants dans les conditions où ils ont été élevés eux-mêmes ; ils peuvent dispenser librement cette éducation suivant les aptitudes diverses et la valeur plus ou moins grande de leurs enfants ; et ils n'ont d'épargnes nécessaires à prélever annuellement sur leur revenu que dans le cas où, faute de mutualité fraternelle assez puissante, ils doivent constituer un fonds de prévoyance, au moyen d'une assurance ou autrement, pour garantir contre toute éventualité l'achèvement de l'éducation des enfants.

Il n'échappera pourtant pas que le revenu de tout travail est en définitive basé sur un capital. Vivre d'un revenu professionnel, c'est exister sur la commandite d'autrui ; fonder une famille sur un revenu de ce genre, c'est en quelque sorte élever des enfants à crédit. Je ne dis pas que ce soit une opération illégitime quand le crédit est suffisamment assis ; mais il est singulier que le régime héréditaire établi par la loi soit tel, que la paternité fondée sur les capitaux d'autrui se trouve plus encouragée que la paternité fondée sur la propriété directe des capitaux. C'est là une critique vivante de notre Code, et c'est un fait qui peut être gros de conséquences sociales, si l'on admet avec nous que l'avenir appartienne aux familles fécondes.

D'une manière ou d'une autre, ce sont, en résumé, les metteurs en œuvre des capitaux actifs qui tiennent entre leurs mains la réorganisation de la famille ; et, si cette tâche n'est pas des plus aisées, elle ne paraît pas du moins au-dessus des vertus d'un couple courageux, surtout quand il peut s'appuyer sur le concours d'une parenté nombreuse unie dans un même sentiment.

XI

Examen de deux objections. — Première objection : L'inégalité.

Les avantages individuels et sociaux de la famille permanente ne sont pas contestables. Partout où on l'observe, on la trouve féconde en bonheur et en progrès. Moins répandue en France que dans d'autres pays, elle y est encore praticable, même sous le régime peu libéral de notre Code. — Quelles objections peut-on donc lui opposer ?

Deux graves objections :

Le Droit moderne semble dire : La famille organisée sous la protection d'héritiers principaux violerait l'égalité naturelle des enfants, en imposant à un certain nombre d'entre eux une réduction d'héritage, et peut-être le célibat.

Et l'Économie politique paraît ajouter : La famille nombreuse conduirait aux misères et aux déchéances qui sont la conséquence de tout excès de population.

Il faut montrer que ces deux accusations ne sont pas fondées.

La passion de l'égalité est certes un des sentiments les plus ardents de notre cœur, plus vif encore que celui de la liberté. Il procède directement de cet amour de justice qui nous est pour ainsi dire inné; mais, par sa spontanéité même, il échappe aux considérations de mérite individuel, et se rébellionne facilement contre les conditions impérieuses de l'expérience sociale.

Il nous semble, par exemple, que si, à notre entrée dans la vie, nous n'avons pas tous des droits égaux, il y a violation préliminaire de la justice. Nous ne sommes pas sitôt conçus que l'on nous découvre une foule de droits naturels et imprescriptibles qui ressemblent, hélas! à cette multitude de germes que la nature sème à profusion par le monde, pour en faire éclore seulement quelques-uns. Chacun de nous a tous les droits imaginables, comme la femelle d'un hareng a des centaines de milliers d'œufs dans le ventre, dont un très-petit nombre vient à bien.

Il faut malheureusement rabattre beaucoup de la théorie des droits naturels, et s'en tenir à l'observation positive des droits réels.

Alors nous reconnaissons que le droit n'est qu'une conséquence sociale, puisqu'il n'a de valeur que dans la société. Hors de la société, l'homme ne possède rien que des mots. Dans la société, et suivant qu'elle est plus ou moins puissante, le droit prend naissance de la réciprocité qui s'organise entre l'individu et la collectivité. La notion du droit devient dès lors inséparable de celle du devoir; ils se définissent l'un par l'autre : le devoir est ce que nous donnons à la société, c'est notre contribution individuelle; le droit est ce que nous en recevons en échange. A chacun suivant son utilité sociale.

En conséquence, nul n'a droit de faire que ce qu'il est en état de bien faire, sans dommage pour autrui, sans risque pour soi-même. On a le droit d'être père quand on est capable d'être père, c'est-à-dire d'élever ses enfants; on a le droit de se propager quand on est bon à propager; on a le droit d'être riche quand on sait utiliser sa fortune : autrement, il en cuit à tout usurpateur; l'incapable qui assume des droits trop forts est écrasé sous ses devoirs, il est voué à la banqueroute et au malheur.

Que signifie donc cette égalité primordiale que nous réclamons tous avec insistance? Rien autre chose qu'une protestation légitime contre les privilèges de naissance qui sont immérités, contre les droits répartis par la main du hasard et maintenus sans condition de devoirs équivalents à remplir. Nous voulons que l'égalité soit présumée jusqu'à constatation de notre valeur réelle ; c'est une sorte de droit au concours que nous réclamons. Mais nous ne pouvons pas vouloir qu'une fois les capacités constatées et les fonctions distribuées, l'égalité ne cesse pas, et ne fasse pas place à la proportionnalité des droits et des services.

Appliquez le partage égal à des enfants de valeur inégale, où sera la justice distributive? L'un restera oisif, et vivra du revenu d'un placement indolent; l'autre, capable de succéder à son père, n'aura pas les moyens suffisants de continuer son œuvre.

Ce capital, qui est comme l'engrais du travail, doit-on donc le répandre indistinctement sur les champs les plus infertiles et favoriser les herbes inutiles à l'égal des bonnes plantes? Le cultivateur habile concentre son engrais sur la terre la mieux préparée, et il en tire une récolte intense. Nous devons faire comme lui. Le principe prétendu égalitaire du partage des biens aurait, proportion gardée, des conséquences aussi funestes dans la famille que dans la société; il est aussi condamnable dans l'une que dans l'autre.

Le seul moyen de respecter l'égalité proportionnelle est de permettre la transmission principale des biens de la famille à ceux des enfants qui sont le plus capables d'en tirer parti. Et c'est aussi la justification du droit de propriété; car, aux mains des incapables, il serait insoutenable.

Pense-t-on que cette doctrine soit antidémocratique, antirépublicaine? Bien au contraire, c'est en respectant davantage la constitution hiérarchique de la famille qu'on assurera le mieux le régime républicain d'un pays. Les républiques les plus vivaces ont été celles où les familles étaient le plus vigoureusement constituées. La raison en est simple : on ne maintient qu'artificiellement l'égalité des individus, tandis que l'égalité des familles se conserve aussi longtemps qu'elles sont fidèles à leur bonne organisation. La famille, en groupant et en solidarisant les individus, fait le total de leurs facultés; elle couvre l'infériorité des uns de la supériorité des autres; elle opère une sorte de moyenne qui assimile les membres d'une famille aux membres des autres familles, et qui établit par là cette égalité effective qui est la base de toute république véritable.

Avec le partage égal et forcé, l'inégalité des individus est croissante. Le fait seul de donner des capitaux égaux à des individus de valeur inégale, suffit à rompre la justice et l'efficacité de la répartition; qu'est-ce donc lorsque, à l'inégalité des capacités, se surajoute l'inégalité des fécondités ?

Deux couples, issus de la même souche, ont chacun 100,000 francs de fortune. Le premier ne laisse qu'un enfant, héritier de 100,000 francs, qui épouse une héritière de pareille somme, ce qui constitue un ménage de 200,000 francs. Le second couple laisse cinq héritiers qui ont chacun 20,000 francs, et ne peuvent former en moyenne que des ménages de 40,000 francs, cinq fois moins riches que celui de leur cousin, fils unique. A la troisième génération, en suivant les mêmes traditions, les héritiers de la deuxième branche seront vingt-cinq fois moins riches que l'héritier de la première.

L'effet de cette disproportion progressive est le cumul d'un côté et le paupérisme de l'autre, une inégalité croissante de richesses et une inégalité inverse d'aptitudes. Il est probable, en effet, que la valeur professionnelle, l'activité et la moralité se concentreront dans la famille féconde et pauvre, tandis que l'inexpérience présomptueuse, l'indolence et l'indifférence morale s'accumuleront dans la famille unipare. Car c'est un hasard si un fils unique reproduit les qualités de son père, et c'est un prodige si, les ayant, on lui apprend à s'en servir.

Ne voit-on pas que la conséquence de cette mauvaise distribution des capitaux, par rapport aux capacités, est la nécessité de l'entremise générale du crédit dans toutes les branches de la production, la substitution des sociétés d'actionnaires aux grandes initiatives personnelles, l'action de l'État dans l'ordre économique pour parer aux vices et aux insuffisances des associations anonymes, et, malgré tout cela, un antagonisme croissant entre les classes, une anarchie morale qui exige une législation de plus en plus sévère, un gouvernement de plus en plus fort, et qui aurait aussi besoin, par surcroît, des sanctions futures d'une religion pénale?

A cette aveugle répartition du code civil qui aboutit à la désorganisation des familles et à la disproportion des individus, je n'hésite pas à préférer le système qui considère les parents comme les plus éclairés et les plus prudents des distributeurs, et qui leur laisse le soin de faire eux-mêmes le partage de leurs biens entre leurs enfants, en avantageant, s'il y a lieu, les plus dignes. C'est la liberté testamentaire, restreinte, si l'on veût, aux héritiers naturels, mais respectée dans son action la plus efficace.

Il n'y a pas en définitive de plus sûr moyen de perpétuer la famille, d'organiser la protection des faibles par les forts, sous la garantie d'une étroite affection, et, en somme, d'assurer l'égalité sociale, base de toute liberté publique.

XII

Deuxième objection : L'excès de population. — Comment la famille nombreuse se concilie avec les règles de Malthus.

L'objection qui se tire de l'excès de population paraît bien plus insurmontable que celle de l'inégalité que nous venons de combattre, car elle a toute la brutalité d'un fait indépendant de la volonté humaine. Comment concilier la famille permanente, basée sur la fécondité, avec les strictes exigences de la loi de population ?

On sait comment le problème de la population a été posé par Malthus. L'humanité, livrée à toute la fougue de ses instincts reproducteurs, s'accroîtrait, disait-il, suivant une progression géométrique dont la rapidité serait effrayante. En supposant seulement que chaque couple laissât quatre enfants, le développement suivrait la série : 2, 4, 8, 16, 32, 64.... Au contraire, les produits alimentaires et, d'une manière générale, les moyens d'existence, qui ne s'accroissent pas seulement en raison du travail, mais surtout en raison des terres cultivées et des capitaux accumulés qu'on y applique, ne peuvent se développer que suivant une série arithmétique : 2, 3, 4, 5, 6, 7... ; d'où résulterait une réduction successive de la part de chacun à mesure que les générations se multiplieraient. L'individu qui, à la première génération, consommait 1, n'aurait plus à la deuxième que 0.75, à la troisième que 0.50, à la quatrième que 0.31, à la cinquième que 0.18, à la sixième que 0.10, etc.

Malthus en concluait que la population, si elle s'abandonne aveuglément à la reproduction, est fatalement vouée à la misère croissante qui engendre tous les fléaux sociaux, tels que la mortalité des enfants, les grandes épidémies des adultes, les vices du paupérisme, l'inégalité des classes, les révolutions, les guerres, etc. Au lieu d'attendre ces répressions cruelles, il conseillait comme moyen préventif la prudence dans le mariage, ce qu'il nommait chastement « la contrainte morale, » de manière à proportionner dans chaque famille le nombre des enfants aux ressources qu'on peut appliquer à leur éducation et à leur dotation.

Ce système, qui a soulevé bien des clameurs, est mêlé d'erreur et de vérité. Malthus n'a appuyé ses conclusions péremptoires que sur des chiffres hypothétiques. Il n'a jamais justifié sa fameuse progression arithmétique des moyens de subsistance, il l'admettait comme évidente : loin de là, il aurait fallu prouver, dit Carey, que les choux et les carottes se multiplient moins rapidement que les hommes. Il s'est fondé, comme accroissement de l'espèce humaine, sur une progression géométrique qui, en fait, n'a jamais été atteinte, et qui est certainement moins rapide que la progression des moyens d'existence, puisque le bien-être de chacun va toujours en augmentant et que l'inégalité s'atténue.

L'idée fondamentale de Malthus reste vraie cependant: Il suffit d'un acte de volonté, bien moins, d'un simple mouvement d'instinct, d'un abandon au plaisir, pour mettre au jour un enfant, tandis que, pour préparer sa subsistance et son éducation, il faut un long et pénible travail, et, bien plus encore, une épargne préalable qui rende le travail productif.

Il est donc indispensable de proportionner les enfants aux ressources d'éducation que l'on possède, de manière à maintenir tout au moins la génération nouvelle au niveau du bien-être et de la puissance de la génération précédente, et à élever même ce niveau si c'est possible.

Une si sage prescription serait-elle donc contredite par la théorie de la famille nombreuse? En fait, ne voit-on pas que les imprévoyants prolétaires sont les seuls à oublier toute mesure, tandis que les riches exagèrent singulièrement la prudence, sous prétexte d'améliorer toujours la condition de leurs enfants !

En agissant de la sorte, par faux calcul ou par égoïsme secret, on oublie le véritable principe de population : c'est qu'il n'y a de bonheur et de force assurés que par la famille féconde.

Or, déduisons les conséquences de cette loi. Le premier corollaire du principe est que les individus bien doués qui ont les moyens d'élever et de doter de nombreux enfants doivent le maximum de fécondité. Si tous ceux qui sont libres d'être pères se conformaient aux vraies lois de la famille, en laissant aux malheureux les étroites règles de Malthus, cela seul suffirait pour régénérer la race et changer la face du pays. Quelle inconséquence de croire qu'on fait le bonheur de ses enfants en restreignant leur nombre pour conserver à chacun d'eux une plus grosse part d'héritage ! Éducation professionnelle et sincère fraternité, voilà les deux bases essentielles du bonheur à tous les étages de la société ; le reste n'a qu'une importance secondaire. Pour un petit riche, mieux vaut un frère qu'un valet de plus ; et pour un petit bourgeois, mieux vaut encore un frère qu'un professeur de latin ou de piano. Il faut rire vraiment de ces millionnaires, prudents comme de simples gueux, qui n'ont qu'un fils, et qui risquent bravement l'honneur de leur nom et le maintien de leur fortune acquise sur ce seul descendant incertain, qui les trahira presque sûrement.

Le second corollaire du principe est que les jeunes gens qui n'ont pas les moyens de fonder une famille doivent s'efforcer de les acquérir. Qu'ils prouvent leur aptitude par leurs efforts, qu'ils sachent mériter l'union avec la fiancée de leur choix et conquérir l'honneur d'une large postérité : c'est cette lutte pour le mariage qui constitue le concours social pour l'amélioration de la race, et qui représente dans l'humanité l'équivalent de la sélection naturelle chez les animaux. Faut-il donc esquiver ce concours, marier les enfants avant qu'ils aient combattu, prévenir chez eux toute expérience personnelle et tout déploiement d'énergie, et, sans savoir ce qu'ils valent moralement et physiquement, en dépit de leurs inaptitudes et quelquefois de leurs infirmités, les jeter à l'improviste dans les bras l'un de l'autre? Ce n'est pas là, je pense, ce qu'on appellera conserver la noblesse du sang et perfectionner la race, car c'est justement la pervertir. Le futur chef de famille doit démontrer son mérite par ses premiers succès dans la vie. Quand il a su, par son instruction, par sa bonne conduite persistante, par son ardeur et son intelligence au travail, conquérir, avec l'aide de sa famille, une situation suffisamment sûre, alors on peut dire qu'il est digne du grade qu'il a ambitionné.

C'est aussi affaire à la jeune fille, la future mère de famille, de révéler ses qualités de compagne, de ménagère et d'éducatrice, par son affection pour ses proches, par le concours dévoué qu'elle apporte à ses parents, et par les soins presque maternels qu'elle sait donner à ses jeunes frères et sœurs ou à ses petits neveux. Le début personnel dans la vie, le premier emploi des facultés sérieuses, voilà la pierre de touche du mérite conjugal, et en quelque sorte la condition préalable du mariage fécond.

Par contre, un dernier corollaire du principe sera que tous ceux que les obstacles ont vaincus ou découragés, et qui se sont volontairement retirés du concours, doivent rester célibataires ou ne se marier qu'en produisant le moins d'enfants possible. Que dans ce cas l'on pratique le célibat simple ou le célibat double (car le mariage sans enfants n'est en définitive que l'accouplement légal de deux célibats), la chose importe peu ; c'est une combinaison secondaire, qui dépend tout à fait des temps et des mœurs. A certaines époques, on supporte mieux le célibat que dans d'autres. Voyez les Germains de Tacite et de César, autrefois si réservés et si tardifs dans leurs amours, aujourd'hui si dissolus[1]. « Je regarde, di-

[1] « Les jeunes gens se livrent tard aux plaisirs de Vénus », dit Tacite. (*Germanie, XX*). « C'est une honte parmi eux, dit César, d'avoir connu les femmes avant l'âge de vingt ans : ce qui ne peut

sait Proudhon, notre lasciveté actuelle comme tout à fait hors nature; tout cet étalage de tendresses, même honnêtes et délicates, ces expressions brûlantes à propos des femmes, dont les ouvrages modernes sont remplis, me semblent l'effet d'une excitation érotique désordonnée, bien plus que le symptôme de tendances légitimes[1]. » J.-J. Rousseau, lui aussi, prétendait dans l'*Émile* (livre IV) que c'est bien moins de la sensualité que de la vanité qu'il faut préserver un jeune homme entrant dans le monde. « Il cède plus, disait-il, aux penchants d'autrui qu'aux siens, et l'amour-propre fait plus de libertins que l'amour. » — Les agglomérations malsaines d'enfants, de jeunes gens, d'adultes, soustraites aux bonnes influences de la famille, suffisent à occasionner le relâchement de tout un peuple. Je crois que, dans de meilleures conditions d'éducation et combiné avec la vie de famille, le célibat pourrait être pratiqué sans souffrance et qu'il comporterait même beaucoup d'honnêtes joies, malgré la sagesse relative de l'homme et la chasteté absolue de la femme. Mais il y a des siècles où on n'est pas chaste, et nous sommes apparemment dans un de ceux-là;

demeurer caché; car ils se baignent pêle-mêle dans les fleuves. » (*Guerre des Gaules*, livre VI, chap. XXI.)

[1] Voir le livre de Sainte-Beuve, sur ***P.-J. Proudhon et sa correspondance,*** p. 104 et 105.

il ne faut donc pas faire de cette abstention une condition *sine quâ non* de l'organisation sociale. Il faut choisir entre le célibat accompagné d'une secrète tolérance pour la satisfaction des instincts virils, et le mariage infécond ou peu fécond, comme remède à la concupiscence, ainsi que disent les jésuites. Dans les deux cas, le célibat simple ou le célibat double a besoin d'être moralisé, car il ne contient pas en lui-même des éléments suffisants de bonheur et de moralité. Il ne les acquiert que par ses attaches et son intime subordination volontaire à la famille nombreuse dont il est issu, et qui lui communique son esprit de solidarité, de dévouement et de perpétuité. C'est pourquoi il est si désirable qu'il y ait au moins dans chaque famille une souche féconde et un foyer permanent.

XIII

Composition sociale qui peut résulter de ces principes. — Conclusion de la première partie.

Nous voyons donc que la famille, dès qu'elle obéit à la loi du libre concours et de la sélection, se concilie toujours avec les règles de Malthus pour la population. Ces règles, je le répète, ne constituent pas, à proprement parler, un principe social; elles indiquent seulement les conditions d'application du principe.

Ainsi, le mariage est ou un moyen de famille ou un simple dérivatif de passion. Dans le premier cas, il doit avoir le maximum de fécondité, de manière à entretenir une souche nombreuse ; et, dans le second cas, il doit se résigner au minimum de fécondité, de manière à ne fonctionner presque que comme un célibat.

Si l'on doutait encore que ce fût la solution sociale la plus efficace, je crois qu'on achèverait de se convaincre en faisant une double hypothèse.

Par la première, on imaginera une population stationnaire où tout le monde se marie : 100 individus des deux sexes y forment cinquante couples ayant chacun deux enfants, ce qui donne 100 enfants.

Par la deuxième, on supposera une population croissante, doublant approximativement tous les cent ans, et qui, suivant la théorie que nous venons d'exposer, se classerait à peu près comme suit :

40 individus choisis des deux sexes, formant vingt couples reproducteurs qui élèvent en moyenne cinq enfants vivants, soit au total 100 enfants.

40 individus des deux sexes, peu aptes à la grande paternité,

A reporter. . . 100 enfants.

	Report. . .	100 enfants.
	usant principalement du mariage comme d'un moyen de légitimer l'amour et formant vingt couples qui élèvent en moyenne un enfant vivant, soit au total. . . .	20 enfants.
20	individus des deux sexes restant célibataires et vivant dans leurs familles entourés des soins de leurs neveux.	
	Comme résultat d'ensemble :	
100	individus utilisés suivant leurs aptitudes et produisant.	120 enfants,

dont la grande majorité se trouve élevée dans les bonnes conditions d'une éducation normale, et dont la petite minorité subit encore, par cousinage, l'influence de cette éducation.

Dans le premier cas, celui de la population stationnaire, nous voyons tout le monde fonctionnant pour la reproduction de manière que la postérité est à son minimum dans chaque famille. C'est le règne de l'égalité dans l'infécondité : les familles nombreuses et permanentes n'ont pas la latitude de se développer ; la loi de sélection est suspendue ; il est probable que, si la richesse se maintient, la race languit ou dégénère et la puissance sociale décline.

Dans le deuxième cas, celui de la population croissante, nous voyons une sorte de division des fonctions s'établir entre les ménages. Les uns se réduisent au minimum de production, c'est-à-dire à l'unité d'entant, et tendent par là à faire baisser la population en nombre et en qualité; les autres font plus que compenser ce résultat fâcheux par une fécondité supérieure à la moyenne, et ils réparent, en créant de petites souches, les atteintes et les lacunes laissées dans la race par les ménages unipares.

Il ne me semble pas douteux que la seconde nation, en dépit de Malthus et malgré l'accroissement de population, ne dût être infiniment plus prospère et mieux douée d'aptitudes morales et physiques que la première population, qui resterait stationnaire.

Nous concluons donc, tant au point de vue du bonheur que de la moralité, tant au point de vue de la force privée que de la force nationale, tant au point de vue de la conservation que du progrès, nous concluons, dis-je, que le maintien de la famille nombreuse et organisée est d'un intérêt primordial, et que les objections qu'on serait tenté de soulever contre elle ne sont véritablement pas fondées.

L'inégalité d'héritage entre les enfants est rachetée par d'autres moyens de succès dans la vie qui peuvent être plus efficaces. L'obligation du célibat, toujours facultative, n'est pour les jeunes gens courageux et sages qu'une obligation temporaire et un motif de déployer toute leur énergie pour s'élever à une position qui leur permette de fonder à leur tour une famille.

Je crois que, dès à présent, les efforts à faire pour créer ou conserver la famille peuvent être suivis d'effet, sans qu'il soit nécessaire d'attendre des réformes qui seront longues à se faire espérer. Sans doute, il faut désirer la liberté testamentaire, base de l'autorité paternelle et de la perpétuité de la famille ; sans doute, à défaut de liberté entière, il faut chercher à étendre la quotité disponible jusqu'à la moitié de la succession, de manière à faciliter le développement des familles ; sans doute, il faut introduire dans la loi des mesures préservatrices du partage des successions et conservatrices de la valeur des entreprises paternelles ; sans doute, il faudrait abolir les impôts de succession et autres droits de mutation et d'association, qui sont des impôts dissipateurs ou prohibitifs[1] : mais, sans ajourner la ré-

[1] D'éminents économistes ont cherché, il est vrai, à défendre les droits de succession et autres impôts qui entament le capital, en prétendant que les déperditions particulières étaient compensées par les restitutions de capitaux qui sont faites aux créanciers de l'État, lorsqu'on emploie le produit de ces impôts à des amortissements de dettes publiques. Les compensations de ce genre me paraissent purement nominales. En réalité, on détourne un capital actif mis en valeur par le propriétaire lui-même, et on le transforme en un

forme principale à ces réformes accessoires, il faut d'abord et avant tout remettre en honneur la fécondité des familles, convaincre les jeunes gens que c'est la première condition du bonheur durable, et, sans leur faire oublier les nécessités de prudence pratique, leur montrer le but qui doit dominer les moyens.

Quant au reste, c'est dans la réforme du métier que s'achèvera la réforme de la famille; c'est la meilleure organisation du travail qui étendra le droit au mariage et à la paternité, puisque c'est le succès professionnel qui fournit les moyens d'entretenir une femme et des enfants.

Le travail et le crédit sont les auxiliaires de la famille; mais la famille, à son tour, par les qualités morales qu'elle crée, par les garanties dont elle entoure la commandite, est la condition préalable de l'organisation du métier.

Les deux réformes se prêtent ainsi un mutuel appui, et l'on doit les poursuivre simultanément.

capital inerte entre les mains d'un rentier oisif; on brise une union assortie entre le travail et le capital, et on s'en remet, pour renouer une pareille union, au hasard des souscriptions publiques et des commandites anonymes. Les dettes publiques des États ne sont amorties normalement que par les impôts perçus sur les revenus, parce que ces amortissements constituent alors une véritable épargne publique.

DEUXIÈME PARTIE.

LE MÉTIER

XIV

Le droit au travail.

S'il y a un fait qui doive étonner profondément un observateur non prévenu, c'est la contradiction économique qui a causé tant de troubles en ce dernier demi-siècle.

Nous manquons tous de quelque chose sur cette terre, où nous arrivons nus, et où nos ancêtres n'ont surmonté qu'avec bien de la peine la compétition des êtres inférieurs. Ce qui nous manque en aliment, en vêtement, en logement, en mobilier, en outillage, en savoir, en satisfactions de toute sorte, le travail seul peut nous le procurer, et, quand nous voulons travailler, nous ne trouvons pas d'ouvrage.

Les produits s'achètent avec des produits; une foule d'hommes n'attend qu'un signal pour fournir au monde les produits qui lui manquent; et, par un malentendu déplorable, ce signal n'est pas donné : les bras retombent inoccupés, le travail désirable n'est pas fait, la misère ou le besoin se perpétue. Et les travailleurs qui chôment, trompent leurs souffrances par toutes sortes de rêves insensés, et, à la fin, se font massacrer dans les rues avec un cri sublime : *Vivre en travaillant ou mourir en combattant !*

Que faudrait-il pour faire cesser ce malentendu meurtrier? Des philosophes l'ont dit : la liberté [1]; — mais on n'a pas foi dans la vertu du remède, et, par insurrection ou parlementarisme, le mouvement social aboutit à deux choses : le droit aux emplois publics pour les bourgeois et fils de bourgeois; le droit au travail pour les ouvriers et fils d'ouvriers : le premier admis, le second contesté.

Ce qu'est devenu le droit aux places du gouvernement, inscrit dans tant de constitutions sous le nom d'admissibilité aux emplois publics, il faut le demander aux règlements compliqués qui régissent la matière.

Des antécédents militaires pour être comptable ou marchand de tabac !

[1] Je sais bien qu'il faut aussi des capitaux ; mais, comme les capitaux existants sont loin d'être utilisés comme ils le devraient, on peut dire que la liberté manque encore plus que les capitaux.

Huit années d'études antiques et d'exercices de mémoire, aboutissant au baccalauréat, pour être scribe ou payeur dans un ministère !

Des cautionnements onéreux et inutiles, qui ressemblent fort à un prix d'achat payé au Trésor, que les titulaires se remboursent successivement !

Et par-dessus tout la faveur ministérielle ou directoriale, nécessaire pour le surnumérariat, nécessaire pour la nomination, nécèssaire pour le déplacement, nécessaire pour l'avancement, nécessaire pour la retraite, nécessaire toujours !

Le droit aux places a fait monter la mendicité du peuple à la bourgeoisie. Solliciteur ou sollicité, voilà aujourd'hui le double rôle de la classe appelée dirigeante.

Par les résultats du droit aux places, on peut pressentir ce qui serait sorti du droit au travail, si on l'avait inscrit dans la Constitution : des ateliers nationaux d'ouvriers bien pensants, dociles aux élections ; des régiments de balayeurs, de terrassiers, de maçons, serviles ou hypocrites, tous travaillant moitié moins que les ouvriers ordinaires, — qui pourtant ne travaillent guère tant qu'ils ne sont pas à la tâche.

Ce qu'il y a de fâcheux dans tout cela, c'est que le gouvernement fait école. La tendance réglementaire se propage de haut en bas. Les grandes industries centralisées, les administrations anonymes imitent les procédés de l'État, exigent des certificats d'aptitude, des brevets de capacité, des diplômes, des examens, des concours. Les travailleurs eux-mêmes, pris d'insanité rétrospective, veulent retourner aux corporations, rétablir l'apprentissage et la maîtrise, et limiter le nombre des apprentis.

Sous prétexte de droit au travail, c'est simplement aller contre le droit et l'intérêt du travail, c'est-à-dire contre la liberté de l'activité humaine.

La liberté la plus grande possible d'offrir ses services, par conséquent la suppression des obstacles artificiels, des formalités réglementaires : voilà le droit du travail dans ce qu'il a de légitime.

Quant à la prétention d'imposer ses services, elle se heurte à un empêchement qu'on ne peut vaincre législativement : l'insuffisance dans la demande du travail.

Cette insuffisance peut être accidentelle et résulter d'une simple crise : il faut alors venir au secours des malheureux sinistrés.

Elle peut résulter d'un déplacement d'industrie, d'un mauvais classement des travailleurs : la prévoyance des familles organisées peut seule y remédier efficacement.

Mais elle peut avoir aussi un caractère permanent, et tenir à l'atonie générale des affaires, à l'inertie des capitaux, au défaut d'entreprises, à la déperdition, à l'immobilisation des ressources entre les mains de l'État ou de la spéculation incompétente, usurpant l'un et l'autre la fonction de l'activité privée. C'est là le cas grave. Voilà l'obstacle contre lequel s'insurge en vain le peuple des travailleurs, et qu'il aggrave chaque fois qu'il y apporte sa violence ou sa législation.

Ce redoutable problème social n'a de solution que par l'initiative et la responsabilité des individus, par ce qu'on pourrait appeler la décentralisation industrielle. Pour satisfaire l'offre, il faut faciliter la demande. Puisque le travail de tous repose uniquement sur le courage de quelques-uns; puisque ce sont les entrepreneurs qui sont les fournisseurs du travail, c'est la liberté d'entreprise qui est la garantie du droit au travail.

XV

La liberté d'entreprise.

La liberté d'entreprise subit bien des restrictions.

En premier lieu, les appropriations et les exploitations de l'État : son domaine, y compris les côtes maritimes et les eaux fluviales, où il se contente généralement d'empêcher de faire; ses forêts, ses manufactures (fonderies, fabriques d'armes, monnaies, poudres et salpêtres, tabacs, chantiers navals), ses postes et télégraphes, ses caisses d'épargne, de retraite, d'assurances, de consignations, ses facultés d'enseignement et écoles spéciales, ses ponts et chaussées, son génie, ses transports maritimes, son train, son intendance, ses manutentions, — tant de services enfin qui, dans une large mesure, pourraient être utilement laissés à la responsabilité privée.

En second lieu, les monopoles et privilèges détachés du prétendu domaine de l'État, les concessions et subventions qui faussent la concurrence et restreignent l'initiative individuelle : Banque de France pour l'émission des billets au porteur, Crédit foncier de France pour l'émission des lettres de gage et la réalisation sommaire des hypothèques, chemins de fer, entreprises d'utilité publique, paquebots-poste, allumettes chimiques, etc., etc.

En troisième lieu, les autorisations et licences, les nominations dans les corporations fermées, les cautionnements, les impôts spéciaux, les exercices : 1° diplômes d'ingénieur, de forestier, d'avocat, de médecin, de pharmacien, de professeur, d'artiste; 2° charges de notaire, avoué, huissier, commissaire-priseur, agent de change, courtier; 3° autorisation des compagnies d'assurances et d'un grand nombre d'industries; 4° cautionnements des journaux; 5° impôts sur les boissons, le sucre, le papier, la dynamite, qui entraînent l'exercice des fabriques et la réglementation administrative.

Voilà une foule d'obstacles artificiels qui restreignent d'autant la carrière de l'esprit d'entreprise.

Je ne dis pas que beaucoup n'aient pas leur raison d'être actuelle, en ce qu'ils remédient à certains vices sociaux; mais recourir à ces procédés, c'est faire en économie sociale de la médecine des symptômes : au lieu de s'attaquer à la source du mal, on pallie chaque effet nouveau qui en vient, et, à force de calmants et de narcotiques, on débilite le patient et on aggrave la maladie.

Aurait-on besoin des exercices du fisc et des impôts indirects, si le contribuable avait l'énergie de supporter tous les impôts directs qui sont nécessaires ?

Aurait-on besoin de diplômes et de nominations par l'État, si le public avait le discernement de s'adresser au mérite, au lieu, comme un enfant, de courir à la plus belle promesse et au meilleur marché; si les individus qui sont disséminés et livrés sans défense aux suggestions et aux séductions trompeuses, étaient mieux groupés par familles et plus disciplinés à l'influence des conseillers véridiques ?

Aurait-on besoin de privilèges et de contrôles administratifs ainsi que de cautionnements, si l'irresponsabilité personnelle ne s'était pas propagée comme une ivraie étouffante dans tous les champs de la production ?

Aurait-on enfin besoin d'une intervention croissante de l'État et de ses subventions, si l'initiative individuelle était active ?

On retrouve donc encore ici les suites de l'amoindrissement des individus, de l'abaissement de l'énergie, du courage, de la confiance. Qu'est-ce autre chose que le défaut de sélection humaine et de transmission héréditaire, c'est-à-dire la famille qui ne fonctionne plus ?

Qu'on remédie à ces lacunes comme on peut, en bouchant les trous à mesure qu'ils se produisent, il le faut bien; mais en même temps il ne faudrait pas empirer le mal pour dissimuler ses effets.

L'État peut protéger, contrôler, surveiller, stipuler, garantir, ou même entreprendre, quand cela est démontré nécessaire, sans pour cela qu'il soit jamais utile de prohiber l'action parallèle des individus.

On peut admettre tous les fonctionnements officiels, pourvu qu'ils ne s'exercent pas à titre exclusif. Je voudrais, quant à moi, rester maître de choisir entre les services de l'État et ceux de l'initiative privée, entre les entreprises autorisées et les entreprises indépendantes, entre les professions brevetées et les professions libres. Puisque l'État est censé mieux faire que tout le monde, il ne doit pas redouter la concurrence, et l'on peut penser que la concurrence ne lui serait pas toujours inutile pour stimuler le zèle des fonctionnaires et des subventionnés. Quant au public, suivant son humeur ou son courage, il pourrait recourir à la protection de l'État ou se confier à la liberté.

XVI

La nécessité des gros capitaux et l'association.

Si pourtant l'on n'avait à combattre que les obstacles artificiels rencontrés par l'entreprise individuelle dans les mille empiètements et formalismes de l'État, la tâche serait relativement simple, quoique laborieuse. Les obstacles qui dérivent de la nature des choses et du progrès même de l'industrie sont encore plus difficiles à surmonter.

Le problème majeur, c'est d'obtenir le capital exigé par l'entreprise. A l'ouvrier, il suffit d'un outil ; il porte sa valeur et son talent en sa personne.

Mais à l'entrepreneur, il faut un emplacement, des bâtiments, des engins, des matières et approvisionnements, un fonds de roulement pour avance des salaires et immobilisation temporaire des produits.

Le petit commerce et la petite industrie d'autrefois trouvaient dans le groupement des fonds de la famille les éléments suffisants du premier capital, que la commandite et le crédit pouvaient doubler, tripler, quadrupler ensuite. Mais aujourd'hui, avec la haute banque, le grand commerce, la grande industrie, il faut d'énormes capitaux, des capitaux démesurés. La plupart des entreprises de ces catégories sont inaccessibles aux individus. Du moins, ceux qui peuvent y atteindre forment une exception si restreinte que l'on ne peut guère en raisonner. L'association seule peut réunir les capitaux nécessaires à ces vastes exploitations, et dès lors la liberté d'entreprise suit le sort qui lui est fait par les facilités de l'association.

L'association a deux faces : l'union des personnes, l'union des capitaux. Elle n'est parfaite que si elle réunit ces deux conditions.

Or, l'union des personnes n'est pas indéfinie. Il faut que les caractères se conviennent, que les confiances s'établissent, que les rôles se distribuent, que les pensées se coordonnent sous une certaine autorité prépondérante. Napoléon, je crois, disait qu'un stratégiste peut difficilement combiner les mouvements de plus de trois ou quatre unités. Le gouvernement d'une association directe n'est pas non plus possible au delà d'un assez petit nombre. Le nombre de sept inscrit dans la loi comme un minimum pour les membres d'une association anonyme, semblerait plutôt un maximum pour une association personnelle. Ces associés directs devraient donc être déjà bien riches pour former dans leur petit groupe le capital d'une grosse industrie. Certes, il y a encore en France des fortunes considérables; mais, dans l'état actuel de notre race, les gros capitalistes sont peu entreprenants en industrie ou en commerce, ils préfèrent généralement à l'activité continue d'un travail de longue prévision la sécurité demi-oisive du propriétaire ou les émotions rapides du spéculateur. C'est là une infirmité de notre temps. Cependant, il faut bien le reconnaître, quelle que fût l'énergie personnelle de ces capitalistes, ils pourraient difficilement constituer à eux seuls des entreprises comme les houillères, les forges et fonderies, les compagnies d'eaux et de gaz, les grands chemins de fer, les compagnies de navigation, les banques soixante ou cent vingt fois millionnaires, les compagnies d'assurances, etc.

L'association directe et personnelle ne peut plus

résoudre le problème des grandes entreprises. On a recouru, pour y suppléer, à des associations nombreuses de capitalistes de tout rang, unions impersonnelles de capitaux, qui exigent presque toujours pour se constituer l'entremise de la spéculation financière et de la publicité.

XVII

La société par actions.

La société par actions peut être décrite en quelques traits.

Une foule d'actionnaires, inconnus les uns aux autres, entrant dans la communauté comme dans un lieu public, et en sortant de même ; une certaine classe de possesseurs d'une quotité déterminée de titres, ayant droit de siéger dans les assemblées générales, et d'y exercer une part de souveraineté ; parmi ces membres privilégiés, à peu près tous incompétents, la plupart indifférents, une coterie dévouée aux fondateurs et inspirateurs de l'affaire, qui assiste à toutes les réunions, approuve séance tenante les comptes les plus compliqués, vote les résolutions les plus graves et nomme, sans les connaître, les administrateurs et censeurs désignés par le président.

Le président, qui théoriquement devrait être l'élu des élus, le mandataire des mandataires, devient au contraire, et fort heureusement parfois, le grand électeur et le grand législateur. C'est lui qui dirige les opérations sociales, mais qui en met la responsabilité au nom collectif des membres du conseil. C'est le conseil qui propose les résolutions ordinaires ou extraordinaires; mais c'est l'assemblée qui les fait siennes, sans étude ni digestion préalables. Dans l'assemblée, c'est la généralité des intéressés qui est en cause, mais c'est la majorité présente qui décide, pour les dissidents, pour les abstenants, pour les sourds, pour les absents, pour ceux qui n'ont pas droit de vote. C'est, en un mot, un petit groupe d'actionnaires qui engage la totalité des associés et qui dégage les véritables auteurs des actes sociaux.

Cet abrégé suffit à montrer combien la forme anonyme est par elle-même défectueuse, à plus forte raison lorsqu'elle se double des inconvénients du titre au porteur.

En appliquant à l'action la forme qui ne convenait qu'à la rente ou à l'obligation [1], on a porté l'irres-

[1] On sait que l'obligation est le titre du créancier de la société d'actionnaires, tandis que l'action représente une part de la société, et par conséquent le titre du débiteur des obligataires. Or, le créancier peut être anonyme, mais le débiteur devrait rester connu.

ponsabilité à la deuxième puissance et ouvert la porte à tous les abus.

On a vu alors les entreprises à long terme tomber entre les mains des faiseurs audacieux sans ombre de compétence, des agents de publicité sans scrupules, de prétendus banquiers sans capitaux ni crédit, pressés par le besoin du profit à courte échéance. Souscriptions fictives, majorations d'apports, émissions basées sur les manœuvres de Bourse et les publicités vénales, énormes frais de constitution, patronages ronflants de noblesse en débine et de fonctionnaires au rebut, conseils d'administrateurs sans caution, sans intérêt permanent, agiotant sur leurs titres, exploitant la société à leur profit personnel et, en dépit des abus les plus criants et des malversations les plus évidentes, se faisant innocenter et acclamer par des majorités factices dans des assemblées frauduleuses.

Tel est le triste sommaire de beaucoup d'entreprises anonymes libres de ces dernières années. Cette expérience malheureuse est de nature à faire regretter l'ancienne société en commandite, combinaison admirable et d'une profonde philosophie, quand le gérant possédait un talent personnel et offrait une solvabilité en rapport avec sa liberté d'action et sa responsabilité indéfinie. Quelle imprudence on a commise en substituant à la gérance de la commandite une administration de mandataires irresponsables ! On a rompu le lien personnel et durable entre les obligataires et les actionnaires, d'une part, entre les actionnaires et les administrateurs, d'autre part, et on a facilité la trahison et la désertion de ceux-ci. Que la responsabilité devînt limitée, il le fallait bien, puisque la grandeur des entreprises excède la fortune ou le courage des individus de notre temps ; mais au moins devait-on assurer le fonctionnement de ce qui restait de responsabilité. Cette condition aurait été remplie si la société par actions avait été administrée par des directeurs permanents fortement intéressés dans l'affaire, gardant comme des gérants de commandite une indépendance avouée vis-à-vis de leurs actionnaires, mais restant les premiers à supporter les conséquences de leur gestion [1].

[1] Il semble, au reste, que la pratique des affaires conduise insensiblement à cette forme d'association, qu'on pourrait définir une gérance à responsabilité limitée. En effet, le dégoût du public pour les actions industrielles ne permet plus guère de lui offrir que des titres d'obligations. Quant au capital-actions, peu versé, mais souscrit comme fonds de garantie, il reste souvent concentré dans les seules mains des administrateurs. Quand les administrateurs-actionnaires sont gens solvables, la combinaison est bonne, car elle confère à ceux-ci indépendance et responsabilité, et cela constitue pour les obligataires la meilleure des garanties. Mais il faudrait, pour la franchise du système, que le fait fût avoué et sanctionné par la loi, que les actions ne pussent sortir des mains des fondateurs, et que les obligations émises dans le public, déclarées titres

XVIII

Les grands anonymats.

Il n'est pas bon de trop s'arrêter aux vilenies que nous venons de rappeler. A force d'observer les vices et les infirmités, on finirait par ne plus croire ni à la santé ni à la vertu. Le spectacle prolongé de tous ces abus ferait oublier les grands services rendus par les véritables anonymats, qui ont contribué pour une large part aux progrès de ce siècle.

Ce qu'il faut retenir de la critique précédente, c'est que l'anonymat est une dérogation au droit commun. Les sociétés constituées sous ce régime ont un énorme privilège sur les individus et les associations particulières : elles ne sont responsables de leurs actes que jusqu'à une certaine limite ; passé la limite, elles sont irresponsables. Or, tout être irresponsable ne devrait pas être libre ; c'est un mineur qui a besoin de tutelle. Les sociétés anonymes, bien qu'irresponsables, agissent sans tutelle, et souvent plus librement que les particuliers majeurs.

de grosse aventure ou actions de priorité, donnassent droit de contrôle et de surveillance. Dans ces conditions, la société à responsabilité limitée conviendrait aux entreprises de moyenne importance excédant la simple commandite.

L'anonymat est donc l'exception à la règle, et la liberté des sociétés anonymes n'est pas autre chose que la liberté de l'exception. C'est là un fait grave qui mérite l'attention du législateur, car l'extension du privilège ne va jamais sans porter atteinte à l'individu et sans ajouter aux causes de relâchement de l'énergie humaine.

L'association des capitaux est pourtant un si grand bienfait, que l'on hésite à déplorer l'effet pernicieux des sociétés anonymes, en considérant la puissance qu'elles ont souvent déployée.

Adam Smith avait bien compris l'utilité des compagnies par actions, mais il en avait aussi pressenti les dangers.

« L'avantage de se trouver absolument délivré de tout embarras et de tout risque au delà d'une somme limitée, encourage beaucoup de gens (qui, sous aucun rapport, ne voudraient hasarder leur fortune dans une société particulière) à prendre part au jeu des compagnies par actions. Aussi ces sortes de compagnies attirent à elles des fonds beaucoup plus considérables qu'aucune société particulière de commerce ne peut se flatter d'en réunir... Néanmoins, les directeurs de ces sortes de compagnies étant les régisseurs de l'argent d'autrui plutôt que de leur propre argent, on ne peut guère s'attendre qu'ils y apportent cette vigilance exacte et soucieuse que des associés d'une société apportent souvent dans le maniement de leurs fonds. Tels que les intendants d'un riche particulier, ils sont portés à croire que l'attention sur les petites choses ne conviendrait pas à l'honneur de leur maître, et ils se dispensent très aisément de l'avoir. Ainsi la négligence et la profusion doivent toujours dominer plus ou moins dans l'administration des affaires de la compagnie. C'est pour cette raison que les compagnies par actions ont très rarement réussi sans l'aide d'un privilège exclusif, et souvent encore elles n'ont pas réussi même avec cette aide...

Les seuls genres d'affaires qu'il paraît possible, pour une compagnie par actions, de suivre avec succès, sans privilège exclusif, ce sont celles dont toutes les opérations peuvent être réduites à ce qu'on appelle une routine, ou à une telle uniformité de méthode, qu'elle n'admette que peu ou point de variation. (Adam Smith cite alors le commerce de la banque, les assurances, les entreprises de canaux...)

Cependant, il ne serait certainement pas raisonnable d'aller ériger, pour une entreprise quelconque, une compagnie par actions, uniquement parce que cette compagnie serait capable de conduire l'entreprise avec succès, c'est-à-dire d'aller exempter un certain nombre de particuliers de quelques-unes des lois générales auxquelles tous leurs concitoyens sont assujettis, uniquement parce que ces particuliers, à l'aide de cette exemption, seraient en état de faire bien leurs affaires...

» Pour qu'un tel établissement soit parfaitement raisonnable, il faut encore le concours de deux autres circonstances. La première, c'est qu'il soit évidemment démontré que l'entreprise est d'une utilité plus grande et plus générale que la plupart des entreprises ordinaires de commerce ; et la seconde, c'est qu'elle soit de nature à exiger un capital trop considérable pour être fourni facilement par une société particulière (Adam Smith entend par là une réunion de plusieurs fortunes privées). Si un capital modéré suffisait pour l'entreprise, sa grande utilité seule ne serait pas une raison pour qu'on dût ériger une compagnie par actions, parce que, dans ce cas, il se présenterait bientôt des spéculateurs particuliers qui rempliraient aisément la demande à laquelle cette entreprise aurait pour objet de répondre[1]. »

On voit qu'Adam Smith était d'avis de ne recourir aux sociétés par actions qu'après avoir épuisé l'initiative privée. Observation fort juste. Mais aujourd'hui l'initiative privée est tout de suite épuisée, et d'ailleurs l'expérience démontre que la sphère

[1] *Richesse des nations*, liv. V, chap. I (Ed. Jos. Garnier, t. III, p. 88, 89, 102 à 104).

d'utilité des sociétés anonymes est plus étendue que ne le pensait, il y a cent ans, le principal fondateur de la science économique : les chemins de fer surtout offrent l'argument le plus victorieux en faveur de l'anonymat, car ils se sont créés avec lui, et on ne peut pas affirmer qu'ils se seraient développés sans lui. Mais Adam Smith est dans le vrai lorsqu'il dit que les compagnies par actions ne conviennent qu'aux entreprises simples, exigeant peu d'initiative et d'activité, et d'une importance majeure.

A ce degré, la plupart des abus que nous avons signalés disparaissent. Si les petits anonymats ont besoin d'être régénérés par la responsabilité des gérants, les grands anonymats sont supérieurs à ce remède ; et c'est pourquoi la société anonyme approuvée par l'État avait sa raison d'être au-dessus de la simple société à responsabilité limitée.

La grande importance d'une affaire permet d'obtenir le concours des hommes les plus éminents et les plus honorables, et la valeur personnelle des administrateurs corrige les défectuosités inhérentes à la forme sociale. Que signifient la proportion du cautionnement et la solvabilité d'un administrateur, quand son traitement en fait l'égal d'un ministre et quand le souci de sa haute position lui inspire un sentiment de responsabilité morale plus efficace qu'un intérêt matériel ?

Tout change d'aspect avec la grandeur. Un administrateur qui touche quelques mille francs dans une petite société par actions, peut être tenté de sacrifier cet infime intérêt dans des opérations qni seront pour lui dix fois plus lucratives, bien que dommageables à la société. Un administrateur qui gagne le revenu d'un millionnaire dans une grande compagnie et qui occupe une position enviée de tous, acquiert la dignité d'un haut fonctionnaire et respecte généralement son mandat.

Aussi, les grandes compagnies sont-elles d'ordinaire peu reprochables ; et cette honorabilité n'est pas une des moindres séductions pour l'épargne, ni un des moindres dangers pour la liberté individuelle, qui voit grossir sans cesse ces astres énormes autour desquels tout gravite pour être bientôt absorbé.

Adam Smith peut avoir raison en disant que les compagnies par actions réussissent rarement sans privilège exclusif ; mais, de fait ou de droit, le privilège exclusif leur vient toujours. La puissance brutale des capitaux triomphe du mérite individuel, et l'influence personnelle des grands administrateurs leur concilie tous les pouvoirs publics.

Ces grandes compagnies arrivent ainsi à constituer une haute féodalité financière et industrielle qui se partage les monopoles, qui absorbe les capitaux et qui confisque les intelligences, pour soumettre les uns et les autres à cette uniformité de méthodes et de règles, à cette routine dont parle Adam Smith, qui transforme le corps social en un vaste mécanisme, et ses membres en autant de rouages.

XIX

Détournement général des aptitudes et des capitaux.

L'effet est grandiose, mais le régime est stupéfiant. Où est désormais la place de l'homme indépendant, expérimenté, studieux, courageux, qui consent à être responsable, pourvu qu'il soit libre, et qui demande une commandite en rapport avec sa capacité ?

L'oligarchie financière ignore ou méprise l'initiative individuelle ; elle l'étouffe ou l'adultère. Sous sa domination, l'individu ayant de l'activité et quelques ressources est condamné au rôle d'employé et d'actionnaire : double vasselage.

L'ingénieur que de longues études ont initié aux lois physiques et aux méthodes industrielles et qui sait comment on gouverne les forces de la matière, ne semble-t-il pas l'homme le mieux préparé pour devenir chef d'entreprise, pour exercer librement son initiative et son activité, puisqu'il a la science pour éclairer la pratique? Cet homme-là, de nos jours, n'est la plupart du temps qu'un agent subalterne, un sous-aide du financier, dont il épouse les tendances. Au lieu d'être commandité comme il le mériterait, c'est lui, au contraire, s'il a quelque argent, qui commandite le spéculateur et devient son actionnaire ou son obligataire. Renversement monstrueux des rapports sociaux.

De là, en général, un double détournement des aptitudes et des capitaux.

Beaucoup d'hommes actifs et entreprenants vont aux carrières où ils trouvent encore la liberté d'être actifs : ils ne se font pas industriels; ils se font avocats, agents d'affaires, trafiquants, courtiers, spéculateurs, politiciens; ils encombrent les professions libérales. D'autres, qui n'ont pas le diplôme ou l'argent ou le loisir indispensable, languissent dans les emplois salariés. Pour eux, le métier n'est pas le champ fertile qu'ils pourront cultiver avec amour pour en tirer des fruits proportionnés à leurs efforts; leur vie s'écoulera dans une répétition monotone d'opérations invariables, sans rémunération croissante, sans progrès possible, sans libération certaine. C'est un motif continuel de découragement et de chagrin. Comment s'étonner après cela que l'homme cherche des compensations ailleurs :

dans le jeu, dans les plaisirs factices, dans les agitations violentes, dans tout ce qui trompe son ennui? Il n'y a pas de bonheur en ce monde sans un libre développement de l'activité professionnelle.

Voilà pour les aptitudes. Quant aux capitaux, défiants de l'association personnelle et déshabitués du travail, ils vont d'une part aux emprunts et aux monopoles publics, où ils s'endorment, et d'autre part aux spéculations financières et aux fonds étrangers, où ils contractent des habitudes usuraires et le dégoût croissant des commandites industrielles. Dans un pays riche comme le nôtre, où, en temps normal, la propriété donne 2 1/2 ou 3 p. 100, la rente ou ses équivalents guère plus de 4 p. 100, il semble qu'un doublement de revenu devrait être un encouragement suffisant pour les entreprises nouvelles. Allez donc offrir aux capitalistes de se mettre au travail et de se faire industriels pour une perspective de profit de 6 ou 8 p. 100! — « Quoi! vous diront-ils, se donner tant de mal pour un intérêt si chétif, quand nous touchons beaucoup plus, sans rien faire, en livrant nos fonds aux banquiers ou en prêtant aux gouvernements étrangers! »

La France est, dit-on, le premier marché financier du monde. Je ne sais s'il y a lieu de s'en glorifier. Les douze ou quinze cents millions d'épargnes qui vont chaque année aux souscriptions publiques donnent la mesure de notre inertie individuelle. Mieux vaudrait moins de souscriptions publiques et plus d'entreprises privées.

Il y a aussi quelque chose de honteux dans ce spectacle, si fréquent de nos jours, d'un fils de famille jeune et riche qui, pour se livrer plus facilement à la mollesse et au plaisir, sollicite un métier de pauvre, se fait employé dans un ministère à dix-huit cents francs par an, et laisse languir ses capitaux dans quelque valeur indolente.

L'activité est la raison d'être de la propriété, comme la fécondité est la raison d'être du mariage. Absolument parlant, on ne devrait pas plus prêter sa propriété qu'on ne prête sa femme. L'une et l'autre veulent être fécondées par le détenteur légitime[1]. Mais si tel est le devoir qu'impose la possession du

[1] Peut-être était-ce là le secret motif des lois contre l'usure et le prêt à intérêt. La propriété étant une convention sociale pour exciter le propriétaire à tirer le meilleur parti de ses capitaux, il y avait une certaine apparence de raison dans cette contrainte au faire-valoir direct par l'interdiction du louage. Le louage s'écarte en effet du but social, en ce qu'il permet l'oisiveté du propriétaire et qu'il pousse à surmener les capitaux et à frapper les travailleurs d'un prélèvement immérité. Cependant, en dépit des vaines coercitions, le louage a été un grand bienfait, en ce qu'il a ramené entre les mains du travailleur le capital inexploité ou mal exploité par le propriétaire indolent. Le louage des capitaux est donc un utile remède subsidiaire à l'incapacité du propriétaire; mais il ne faut pas perdre de vue que la solution vraie serait le retour à la capacité du propriétaire par la sélection des familles.

capital, il faut donc, dans une société normale, que le travailleur ait la faculté, quand il en a la bonne volonté, d'employer son épargne à développer son activité et à accroître sa production. L'homme économe et laborieux qui ne peut placer son petit fonds d'économies en lui-même, qui ne peut l'utiliser dans sa profession pour améliorer sa tâche et la rendre plus fructueuse, est dans une condition mauvaise; il fait partie d'une société qui ne récompense pas exactement les efforts de ses membres, et qui démontre, par son ingratitude, l'état de crise où elle se débat.

Or, l'envahissement de l'anonymat n'est pas étranger à la crise; il a été à la fois un puissant instrument de progrès et de décadence.

Agioteuse et frauduleuse, ou bien majestueuse, indifférente et écrasante comme le char de Jagernaut, la société par actions a fait d'innombrables victimes, non pas seulement dans la classe des actionnaires, mais j'entends surtout dans la classe active des producteurs libres, qu'elle menace de destruction. J'en conclus que c'est une institution imparfaite qui est bien loin d'offrir, dans sa condition présente, le modèle définitif de l'organisation industrielle.

La solution de la question du travail, de première importance sociale, doit être cherchée, ce me semble, dans les exemples plus modestes où l'on retrouve, avec la responsabilité personnelle et la commandite spontanée, le libre accord des aptitudes et des capitaux. C'est là seulement, j'en ai la conviction, qu'on pourra découvrir un remède à l'irresponsabilité et au matérialisme des grandes compagnies.

Mettons-nous donc, si vous voulez, à la recherche de ces exemples.

XX

Magasins de nouveautés et administrations financières.

Le dernier quart de siècle a vu fonder d'immenses magasins et d'énormes administrations financières pour la banque, les chemins de fer et quelques grandes industries.

Une famille de naufragés, débarquée le matin sur les bords de la Seine, serait immédiatement pourvue, en une visite au magasin de nouveautés et de confections, de toutes les parties nécessaires ou superflues de l'habillement, de la parure, de la lingerie, de la tapisserie et des innombrables objets de la toilette et du menu mobilier. — En une seconde visite au magasin de meubles et d'articles de ménage, la même famille se fournirait de tout ce qui peut lui être utile pour le logement, l'ameublement, le matériel de cuisine, de chauffage, d'éclairage, etc. — Ainsi vêtue et outillée, en une troisième visite au magasin de vins, épiceries, comestibles, elle serait non moins rapidement approvisionnée des denrées consommables et alimentaires, et mise en état sur l'heure de vivre confortablement dans sa nouvelle installation.

Et tout cela en un jour, moyennant trois démarches, sans effort, sans embarras : quand on y réfléchit, c'est véritablement une merveille.

A l'entrée de chaque magasin, un monsieur bien mis, avenant et respectueux, s'enquiert de ce que vous désirez et vous dirige à travers son labyrinthe. Parvenu au rayon qui vous intéresse, vous trouvez un commis empressé, qui devine votre goût, s'associe à vos préoccupations, réfute vos objections, éclaire votre ignorance et résout vos hésitations. Il prodigue sa complaisance et son amabilité, et toujours satisfait, que vous achetiez peu ou beaucoup, vous introduit avec recommandation auprès de ses collègues qui, dans d'autres parties, se comporteront de la même exquise façon, — jusqu'à la caisse, où l'on prend note de l'heure à laquelle vous désirez recevoir les objets, et où l'on vous offre par surcroît un petit livre doré sur tranche, une image ou un jouet pour votre enfant.

Si, sortant de là, vous avez affaire dans quelque grande administration financière, vous ne trouvez pas précisément le même accueil.

Vous pénétrez dans une vaste galerie entourée de comptoirs et de grillages, encombrée de tables et de bancs comme une salle d'étude. Désorienté dans cette halle, tantôt bruyante et tantôt endormie, vous interrompez la quiétude d'un garçon de bureau ; il vous montre du doigt un guichet. Vous prenez la queue, s'il y a du monde, ou vous attendez, s'il n'y a pas de monde, que l'employé veuille bien suspendre son travail ou sa flânerie. Il vous écoute enfin et vous répond qu'il faut faire un bordereau. Vous vous rendez au bureau où l'on distribue les imprimés et vous réclamez votre feuille. Le préposé aux papiers, homme grave et ponctuel, quelquefois invalide, consulte l'heure et vous explique, par exemple, s'il est deux heures, que vous ne pouver plus toucher de coupons, mais que vous avez jusqu'à trois heures pour verser des espèces, et jusqu'à quatre heures pour toucher des chèques ; les heures varient naturellement avec les administrations. Cependant, vous avez l'*heure* et le bonheur de recevoir un imprimé. Comment le remplir ? Le préposé veut bien vous donner quelques conseils, et, pour peu que vous ayez fait des études spéciales, vous parvenez enfin à remplir ce bordereau. Ce n'est pas sans fierté que vous le présentez au guichet; mais l'employé n'y a jeté qu'un coup d'œil, et vous l'a rendu avec un sang-froid supérieur : « Votre bordereau, dit-il, est mal fait, il faut le recommencer... » — Étonnement douloureux de votre part. Il n'est pourtant que trop vrai : vous n'avez pas aligné les chiffres dans la colonne où ils devaient figurer, vous ne les avez pas classés par séries, et dans chaque série par ordre numérique ; vous n'avez pas mis le total en lettres, comme cela était prescrit, vous n'avez pas signé lisiblement, vous n'avez pas mis votre adresse... Bref, le devoir est manqué. En désespoir de cause, vous vous adressez au majestueux huissier, qui n'a pas levé les yeux de son journal depuis votre arrivée, et, moyennant quelque gratification, vous obtenez son concours : il assujettit ses lunettes, mouille son doigt, classe les valeurs et rédige le bordereau, qui est enfin admis ! — « Allez vous asseoir, on vous appellera. » Vous déférez à cette invitation et vous attendez. On appelle votre numéro, vous l'avez oublié. Ou bien on estropie votre nom ; vous réclamez, on vous gronde, mais on vous paie : vous demandiez de l'or, on vous donne un billet; vous désiriez de petites coupures, on vous écrase d'un sac d'écus. Et vous vous en allez, heureux actionnaire ou obligataire, en murmurant : Faut-il qu'ils soient riches pour être si désagréables! Quel bon placement j'ai fait là!

D'où vient pourtant cette différence entre le magasin de nouveautés et l'administration financière? — C'est que, dans le magasin, le commis est un pauvre employé de commerce désireux de gagner, recevant une prime à chaque vente qu'il réussit à conclure, renvoyé à la moindre incartade qu'il laisserait échapper. Dans l'administration, au contraire, l'employé est un fils de famille ayant des ressources et de l'éducation, et qui se croit assez supérieur pour malmener le public. Maigrement appointé d'un traitement fixe, il n'a intérêt ni à travailler beaucoup, ni à bien faire, ni à éviter la moindre peine au client. Son temps de présence est fixé, sa tâche mesurée, ses écritures et ses justifications prescrites d'avance sur un modèle invariable: et vous voudriez qu'il fût serviable et complaisant... Mais toute complaisance se traduit en un supplément de travail, en allongement de son ennui; toute irrégularité exige un dérangement, une recherche, et cela est intolérable. Songez qu'il a, comme on dit, « cul de plomb » et « poil dans la main, » ce qui n'est pas fait pour rendre alerte. Ses chefs, qui d'ailleurs lui ressemblent, regardent à deux fois avant de faire une observation au parent d'un collègue ou au protégé d'un administrateur.

En un mot, l'employé de commerce se sent responsable, l'employé d'administration ne l'est pas; et, malgré l'infériorité de son éducation, le premier est mille fois préférable au second.

Pourquoi donc les banques anonymes ne sont-elles pas organisées comme les magasins de nouveautés?

Le chef de rayon d'un grand magasin est un commerçant qui agit sous le contrôle et la garantie du patron, mais qui néanmoins conserve son initiative. C'est lui qui surveille ses vendeurs, qui étudie son public, qui fait les achats et assortit son rayon au goût de la clientèle. S'il lui était permis d'engager dans les opérations de son rayon quelques capitaux lui appartenant, de façon, par exemple, qu'il fût de moitié avec la maison et qu'il pût utiliser ses épargnes au profit de son travail, je ne verrais pas de combinaison sociale plus heureuse. Le chef de rayon serait en définitive le cogérant d'une commandite spéciale, ou tout au moins l'associé en participation de son patron, auquel il apporterait le concours doublement effectif de son activité et de son argent, tandis que le patron le couvrirait de son contrôle, de sa notoriété, de son crédit, et le ferait profiter de la communauté des frais généraux, de l'attrait des rayons voisins, de l'influence de la publicité, etc., etc.

Qu'est-ce donc qui empêcherait dans une banque

d'établir un rayon des titres, un rayon des coupons, un rayon des dépôts, un rayons des escomptes, d'intéresser les chefs aux opérations qu'ils réaliseraient et même de leur permettre, sous leur responsabilité, d'offrir au public quelques facilités que souvent la banque, enfermée en ses statuts, ne peut pas accorder ? On transformerait ainsi leur cautionnement en capital auxiliaire utilisé à leur profit et à leurs risques et périls.

Rien ne serait même plus facile que de multiplier les rayons similaires, ou encore, au lieu de spécialiser les employés en rapport avec le public, de créer plusieurs offices autorisés à traiter les principales opé rations, en laissant le public choisir le guichet où il aurait trouvé le meilleur accueil et les services les plus intelligents. De la sorte, chaque chef de bureau serait un banquier au petit pied, receveur de rentes ou commissionnaire ; mais il bénéficierait de la garantie et du contrôle de la grande banque à laquelle il serait associé, en même temps qu'il la ferait profiter de son initiative, de son activité, du temps et des efforts qu'il lui prodiguerait, des frais généraux qu'il lui éviterait, des capitaux personnels qu'il lui apporterait. Ce serait le réveil et l'activité à la place du dégoût et de l'ennui. Dans la grande machine anonyme, chaque rouage retrouverait son individualité et son intelligence, ou, pour mieux dire, il n'y aurait plus de machine, mais un corps organisé et vivant.

XXI

Entreprises de construction et Compagnies d'exploitation.

Les travaux publics, la construction des chemins de fer et des grands édifices nous offrent un autre exemple de l'organisation du travail.

Voici un monument qui s'élève de terre. Quel en est l'auteur ? — L'architecte.

Cet homme seul commande-t-il donc à cette armée d'ouvriers ? Est-ce lui qui les embauche, qui les surveille, qui les paie, qui achète les matériaux, qui règle les fournisseurs ? — Non. L'architecte a dressé ses plans et son devis général. Des dessinateurs ont détaillé toutes les parties du plan, des conducteurs ont dressé minutieusement les différentes séries de travaux. Après quoi, les entrepreneurs de terrassement, de maçonnerie, de charpente, de serrurerie, de couverture, de menuiserie, de parqueterie, de fumisterie, de plomberie, de vitrerie, de peinture, de sculpture et moulage, etc., etc., se sont engagés envers l'architecte à exécuter les travaux de leurs spécialités, dans telles conditions, en tant de temps, à forfait ou suivant un tarif déterminé. Pour chaque branche de travaux, on peut avoir affaire à plusieurs entrepreneurs, l'un se chargeant d'un corps de bâtiment, l'autre d'une aile. Les entrepreneurs, à leur tour, fractionnent leur entreprise et leur responsabilité entre des sous-entrepreneurs qui embauchent et conduisent les ouvriers, et distinguent parmi ceux-ci les plus intelligents pour les payer à la tâche.

Du haut en bas se déroule une vaste hiérarchie d'entreprises, en sorte que cette œuvre si compliquée, cette effrayante responsabilité totale, se résout en opérations fort simples à la portée d'un contremaître ou d'un ouvrier. Le travail personnel de l'architecte se borne à faire un plan d'ensemble, à dessiner des modèles, à dresser des cahiers de charge pour les entrepreneurs, à choisir des échantillons, à surveiller la marche des travaux et à parer enfin aux difficultés imprévues.

Voilà certes une admirable organisation, où il serait difficile de concevoir une plus heureuse combinaison de l'esprit de détail et de l'esprit d'ensemble, de l'initiative individuelle et de la responsabilité à tous les degrés, sans nuire à l'unité de direction. On va chercher bien loin des systèmes utopiques et des théories compliquées : voilà la solution spontanée de la liberté du travail.

Malheureusement, par une bizarrerie des plus grandes, cette méthode de la liberté, qui est en usage dans les entreprises générales de construction, cesse d'être appliquée dans les exploitations. L'exploitation est pourtant plus facile souvent que la construction. Mais quand une compagnie, par exemple, a suivi la bonne méthode des entreprises pour construire un chemin de fer, elle retombe après dans la routine administrative pour l'exploiter. Elle constitue un énorme gouvernement composé de quatre ministères :

1° L'administration centrale et les services généraux : état-major, services financiers, contentieux, secours et pensions;

2° L'exploitation : services centraux et contrôle, personnel des gares, personnel des trains, machines et chevaux de manœuvre, éclairage, chauffage, mobilier, imprimés, pertes et avaries;

3° Le matériel et la traction : personnel de la traction, combustibles, matériel roulant (machines, voitures et wagons) ;

4° L'entretien et la surveillance de la voie : surveillance de la ligne et signaux, entretien des voies, bâtiments, clôtures, appareils, etc.

Un simple coup d'œil sur les attributions des quatre départements montre la dislocation des organismes naturels, l'enchevêtrement des services, l'impossibilité, par conséquent, de grouper les fonctions d'une manière normale en les confiant aux initiatives et aux responsabilités particulières, et finalement le parti pris de tout ramener à une direction inflexible, qui exige des services centraux démesurés.

Quelle confiance en soi-même il a fallu aux fondateurs, et quel mépris des individus, pour ériger un semblable mécanisme, qui laisse de côté, sans utilisation, les plus précieuses facultés des hommes enrégimentés dans cette armée administrative !

Notez que ce système est une conception systématique sortie du cerveau d'un ingénieur, et sans rapport avec les analogies économiques.

En observant les précédents de l'industrie des transports, on aurait trouvé dans les transports par terre quatre instruments distincts :

1° L'office de factage et de messagerie, consigne des colis, bureau des voyageurs ;

2° Le camion ou la diligence ;

3° Les chevaux et relais du maître de poste ;

4° La route nationale, départementale ou communale.

Dans les transports par eau, quatre services identiques et un cinquième particulier à la navigation :

1° L'entrepôt et le port ;

2° La batellerie;

3° Le remorquage et le halage;

4° L'entretien du canal ou de la rivière endiguée;

5° La surveillance de la navigation et la manœuvre des écluses et signaux.

Appliquant ces données à l'exploitation des chemins de fer, on aurait eu :

1° Les gares et stations : service de commissionnaires et entrepreneurs de transports;

2° Les trains de grande et petite vitesse et leurs conducteurs : service de roulage, exploitation d'un matériel roulant;

3° Les machines et tenders, avec leur personnel de mécaniciens et chauffeurs et leur matériel fixe de prises d'eau et dépôts de combustibles : service de traction, de remorquage;

4° La voie ferrée : service de ponts et chaussées;

5° La surveillance de la voie, le règlement de la circulation, le garage des trains, la manœuvre des aiguilles et signaux : service de sécurité.

Ces cinq fonctions pouvaient faire l'objet d'autant d'entreprises permanentes, subdivisées en une foule d'entreprises secondaires, et limitées d'ailleurs à un champ d'exercice assez restreint pour ne pas dépasser la responsabilité effective de chaque entrepreneur.

On peut même concevoir un état de choses où

ces entreprises seraient indépendantes les unes des autres, et même certaines d'entre elles concurrentes, par exemple celles des gares et stations, celles des trains, celles de la traction, l'État n'exigeant d'autre condition que leur subordination à des compagnies régionales de sécurité, chargées de régler la circulation et fonctionnant comme des assureurs.

Ceci est la conséquence extrême de notre raisonnement. Mais, sans aller aussi loin, on ne voit pas pourquoi les compagnies actuelles ne confieraient pas leurs services à des régisseurs copropriétaires de chaque matériel spécial, ou tout au moins coïntéressés dans les résultats de l'exploitation.

Ce serait la décentralisation des fonctions, le retour à l'activité, à l'économie et à la responsabilité, et aussi l'amélioration notable de ces grands anonymats. On verrait alors qu'il n'y a pas besoin d'accumuler des centaines de millions dans les mains d'une dictature financière pour faire de grandes choses et mettre en mouvement des organismes puissants.

XXII

Participation dans les bénéfices et Régie coïntéressée.

Ces deux exemples des grands magasins de vente et des entreprises de construction me paraissent donner la clef de l'organisation du travail. Ils satisfont aux deux conditions premières de toute industrie : l'accroissement du chiffre des affaires, la diminution des frais de production. C'est, en deux mots, la constante préoccupation du patron ; et il n'y a d'autre moyen pour lui d'obtenir ce double résultat que de transformer ses commis en commissionnaires et ses travailleurs en entrepreneurs.

On a suivi une autre voie, et on a voulu, par la participation aux bénéfices, faire des ouvriers et des employés autant d'associés. Je crois que c'est une méprise.

D'une manière générale, cette participation n'est pas rationnelle. Elle ne peut se baser sur le produit brut du travail, car elle deviendrait un obstacle à l'abaissement des prix de revient. Calculée sur le produit net, elle porte sur un profit qui, tout en ayant son origine dans le travail, dépend de beaucoup de circonstances étrangères, souvent fortuites, où le travail n'a point de part. Une mauvaise opération du patron peut d'un seul coup dépouiller les travailleurs du dividende qu'ils mériteraient. Inversement, une spéculation heureuse peut couvrir le déficit d'une mauvaise administration et d'une fabrication relâchée, et procurer au personnel un dividende qu'il n'a pas gagné.

Et ce n'est pas seulement l'élément commercial et l'élément industriel qui se trouvent mêlés, mais, sur le terrain même de la production, les responsabilités sont confondues, tout le monde profite des efforts de quelques-uns, les travailleurs exceptionnels sont traités comme les médiocres; enfin, pour peu que le personnel soit nombreux, le taux de répartition est trop faible pour être réellement efficace, le bénéfice-argent proposé est hors de proportion avec ce bénéfice en nature qui s'appelle paresse et mollesse, et que le salarié escompte si volontiers.

L'expérience a fait voir cependant que la participation, à défaut d'autres mesures plus logiques, n'est pas sans améliorer le salariat. Cela tient, je pense, moins au rendement effectif de l'intérêt et à la justice des répartitions qu'à l'influence morale exercée sur les travailleurs, à la mesure qui leur est donnée de la prospérité de l'établissement, à l'esprit social qu'on leur communique, à la sécurité résultant pour eux d'un contrat durable avec le patron, et à l'espoir d'un supplément de salaire croissant d'année en année.

En définitive, la participation aux bénéfices est un artifice ingénieux pour déguiser le salariat, mais qui n'apporte pas de changement essentiel dans la condition du travailleur.

Le vrai problème, à mon avis, c'est de faire au travailleur son petit lot propre dans le domaine de chaque industrie, de bien délimiter sa fonction, de marier sa personne à la matière ou à l'outillage qu'on lui confie, de préciser sa responsabilité, et, par là même, d'intéresser son amour-propre et de spécialiser son bénéfice.

Il faudrait alors, pour chaque établissement, créer autant de groupes qu'il y a de spécialités d'affaires dans le magasin ou de tâches distinctes dans la fabrique; mettre chaque groupe sous le commandement d'un chef de service responsable qui, tout en restant soumis au contrôle du patron, conservât son initiative et fût le répartiteur de son budget, le directeur de son personnel, l'administrateur de son matériel, le modérateur de la dépense en proportion du chiffre des affaires.

En fin d'année, les économies réalisées par un service sur son budget présumé constitueraient son bénéfice, à partager avec le patron dans une proportion convenue.

Ainsi organisée, une entreprise présenterait la hiérarchie suivante :

Au bas de l'échelle, les simples salariés, apprentis ou jeunes travailleurs non encore éprouvés, soumis à la direction et à la surveillance des intéressés, stimulés par la perspective de devenir intéressés eux-mêmes ;

Au milieu, les participants ordinaires de chaque groupe, intéressés dans l'économie du travail ou l'extension des ventes ;

Aux échelons supérieurs, immédiatement au-dessous des chefs de maison, les participants-capitalistes, chefs de services et chefs de rayons, dont les épargnes auraient pu être admises dans le capital spécial de leur groupe ou, à défaut, dans le capital général de l'entreprise.

Voilà comment j'imagine qu'il faudrait organiser les cadres inférieurs de la grande industrie, pour maintenir l'existence d'une petite bourgeoisie capable et responsable, et permettre le développement des entreprises, sans recourir aux procédés souvent dangereux de l'anonymat.

XXIII

La coopération.

Le système que je viens d'esquisser m'apparaît comme le principal moyen (j'allais dire l'unique) de respecter la valeur personnelle au sein des vastes exploitations, c'est-à-dire comme la ressource la plus claire des individus dans le progrès industriel qui nous emporte.

On s'est beaucoup enthousiasmé de la coopération, je crois qu'on s'est illusionné sur ses résultats possibles.

Qu'est-ce que la coopération de consommation? — Une tentative de supprimer les intermédiaires entre les producteurs et les consommateurs, de substituer l'administration collective de ceux-ci ou, pour en venir directement au fait, l'action indifférente d'un employé à l'action vigilante d'un commerçant. Je ne pense pas que, sauf pour des approvisionnements très simples ou dans des cas particuliers, la coopération de consommation puisse procurer le même bon marché ni la même variété d'objets que les grands magasins collectifs, à rayons multiples, organisés pour la vente au détail sur une vaste échelle, qui font d'énormes affaires en se contentant d'un bénéfice modique, et dont les frais généraux infiniment répartis grèvent très peu la marchandise.

Qu'est-ce que la coopération de crédit? — Si c'est le crédit mutuel, c'est la pratique la plus périlleuse qu'on puisse hasarder, non pas pour le prêteur mais pour l'emprunteur, qui, séduit par la facilité et le bon marché du crédit, encourt aveuglément une solidarité commerciale avec d'autres débiteurs qu'il ne connaît pas ou qu'il connaît insuffisamment. S'il ne s'agit que d'une caisse de dépôts collective, où les déposants se feraient successivement crédit les uns aux autres, de manière à compenser les escomptes par les bonifications, le risque est moindre; mais il est fort douteux que le comité dirigeant de la caisse ait la fermeté, la vigilance et l'activité d'un banquier responsable et, par suite, que la coopération puisse offrir les avantages et la sécurité d'une banque de dépôts et d'escompte régulièrement constituée.

Qu'est-ce, enfin, que la coopération de production? — Une société de travail basée tout simplement sur des vertus qui sont presque de l'héroïsme: la soumission volontaire non à un supérieur, mais à un égal; la reconnaissance spontanée du plus capable entre les associés; la constance inébranlable dans cette abnégation ; l'épargne obligatoire des nécessiteux, souvent même la non-valeur des épargnes accumulées et l'indisponibilité des bénéfices à en provenir. L'histoire de quelques sociétés coopératives qui ont triomphé de tous les obstacles est admirable; il est impossible de la lire sans émotion, mais impossible aussi de ne pas songer que de tels hommes, avec des vertus si grandes, auraient plus vite et plus sûrement conquis une situation indépendante en dehors de la coopération.

J'admets, si l'on veut, que les ouvriers, à force de privations, pourront se commanditer eux-mêmes. Mais, au lieu de créer le capital, n'est-il pas plus facile de mériter de le recevoir des mains de ceux qui le possèdent déjà tout formé? Est-ce que la pénible réunion des épargnes ouvrières pourra jamais marcher de pair avec les accumulations des capitaux préexistants? Et si, par impossible, l'association ouvrière parvient à mettre en ligne un capital égal à celui d'un patron, est-ce que le million possédé par un seul n'est pas bien plus entreprenant, plus actif, plus alerte, plus productif que le million possédé par mille, par dix mille possesseurs, dix mille contrôleurs, dix mille jaloux, dix mille défiants, s'ingérant et réclamant des comptes à toute heure?

Une association coopérative est impraticable dans

la grande industrie, où aboutit tout le mouvement économique du siècle. Reste la petite industrie, dont le rôle se restreint de plus en plus. Là, elle est possible, quoique toujours difficile et inférieure à l'entreprise individuelle. J'en conclus que la solution de ce qu'on nomme le problème social est bien plus probable par l'organisation de la commandite, par ce que j'appellerais volontiers l'emboîtement des entreprises responsables, que par la coopération. Du reste, le régime que je cherche à prévoir ne serait pas incompatible avec la coopération. Chaque chef de service devenant un gérant, un entrepreneur, rien n'empêcherait que dans certains cas la gérance fût collective et l'entreprise coopérative.

XXIV

L'importance du capital. Tout capital est une accumulation.

En allant au fond de cet enthousiasme pour le système coopératif, je crois qu'on trouverait une funeste illusion socialiste : le sophisme dangereux et d'apparence scientifique par lequel on révoque en doute la nécessité du capital et l'effet progressif de son accumulation.

Douter de l'indispensabilité du capital, cela n'est possible que depuis qu'on lui a donné un nom qui n'est pas celui des choses qu'il représente. Personne n'a jamais récusé l'utilité des approvisionnements, des outils, des machines, des meubles, des maisons, des clôtures, des routes, des ponts, des canaux, des chemins de fer... Tout cela, c'est le capital. Si nous n'avions pas tout cela, nous serions des sauvages préhistoriques, mourant de faim, de froid, de maladie, mangés par nos semblables ou par les fauves.

— Mais alors, dit le socialisme, si le capital est tout cela, le capital n'est donc qu'un produit. Et, puisque les produits s'achètent avec des produits, pour obtenir les matières ou les instruments nécessaires à notre production, nous n'avons qu'à échanger le produit de notre travail, qui sera du capital pour autrui, contre le produit du travail d'autrui, qui sera du capital pour nous. Par conséquent, plus de capitalistes, rien que des travailleurs échangeant leurs produits. Aussi, Proudhon, dans les statuts de sa banque d'échange, proclamait-il ces principes nouveaux : Travailler, c'est produire de rien ; — Créditer, c'est échanger; —Échanger, c'est capitaliser.

Je réponds : Vous tuez du gibier, vous récoltez du blé, ce sont là vos produits ; vous voulez les échanger contre une charrue, contre une maison, autres produits qui vous sont nécessaires comme capital. Rien de mieux. Mais la charrue est un objet indivisible qui représente un mois de travail; la maison, avec ses matériaux, a exigé le concours de dix ouvriers pendant un an, c'est-à-dire que, pour réduire à l'unité, elle représente dix années du travail d'un homme : pour acquérir la charrue ou la maison, il vous faut donc accumuler un mois ou dix ans de votre production.

— Non, dit le mutuelliste, je ne paie que ce que je consomme, je n'échange qu'en proportion de mon besoin. La charrue doit durer dix ans, je la paierai à la fin de chaque année par dixièmes; la maison doit durer cinquante ans, je la paierai par cinquantièmes : et ce sera juste, car l'usage de la charrue, de la maison, rendant mon travail plus productif, je leur applique une part de mon surplus de production. Service pour service, mais rien de plus.

Soit, répondrai-je; mais alors faisons le compte du fabricant de charrues et du constructeur de maisons.

Le fabricant de charrues, dans notre hypothèse, est un homme qui va chercher son bois dans la forêt et le façonne, qui extrait son minerai et le forge, et qui, avec ces matériaux, charronne douze charrues par an. La première année se passe tout entière en travail : il ne vend rien encore, puisqu'il n'a pas achevé son produit; cependant, pour subsister, il dépense 1,800 francs. La deuxième année, il continue à fabriquer le même nombre de charrues et à dépenser la même somme; mais, comme il a placé chez des cultivateurs ses douze charrues de l'année précédente, il en touche le premier dixième (180 fr.), qui réduit son découvert à 1,620 francs. La troisième année, même commerce; il touche le dixième des charrues de la première année et le dixième des charrues de la seconde année, ensemble deux dixièmes (360 fr.), qui réduisent son découvert à 1,440 francs. La quatrième année, il touche trois dixièmes, son découvert n'est plus que de 1,260 fr. La cinquième, il est de 1,080 francs... La dixième, de 180 francs seulement. La onzième, il n'y a plus de découvert, les recettes font équilibre aux dépenses, et cela continue désormais toujours ainsi. Mais, dans les dix années de recettes insuffisantes, on trouve, en effectuant le calcul, que le fabricant de charrue aura dépensé 18,000 francs et reçu seulement à titre d'échange 8,100 francs; il lui aura donc fallu, pour vivre et continuer sa production, un total d'avances de 9,900 francs, représentant à la fois et la subsistance du travailleur pendant qu'il produit et la valeur des charrues non consommées entre les mains des cultivateurs. Voilà le capital nécessaire à l'établissement d'un fabricant de charrues, le capital qui doit exister quelque part, en la possession des cultivateurs s'ils achètent leurs charrues comptant et avant de s'en servir, ou en la possession du fabricant si les cultivateurs paient par annuité et à terme échu.

Pour le constructeur de maisons, le calcul est analogue. S'il faut pendant un an le travail de dix hommes, tant bûcherons que carriers, briquetiers, plâtriers, charretiers, terrassiers, maçons, charpentiers et autres, à raison de 1,800 francs par homme, la maison vaut 18,000 francs. Payé par cinquantièmes, chaque homme ne reçoit rien la première année; il touchera 36 francs la deuxième année, et, s'il construit tous les ans une nouvelle maison, 72 francs la troisième année, 108 francs la quatrième, etc. Autrement dit, le découvert de chaque travailleur sera de 1,800 francs la première année, de 1,764 francs la deuxième, de 1,728 francs la troisième, etc. L'équilibre entre la recette et la dépense ne s'établira que la cinquante et unième année. Durant les cinquante années précédentes, chacun des constructeurs de maisons aura dépensé 90,000 francs, et recu à titre d'échange 44,100 francs : le total des découverts, ou des avances indispensables, ou du capital nécessaire, sera donc de 45,900 francs par individu. Pour qu'un homme fasse son métier régulier de construire des maisons, il faut donc qu'il y ait quelque part, soit entre ses mains, soit entre les mains des acquéreurs successifs, une accumulation de pareille somme.

Ainsi, d'une part, toute production nécessite des avances : au moins quelques jours pour le chasseur, au moins une année pour le cultivateur, plus ou moins dans chaque profession, suivant le temps que dure le travail jusqu'à l'achèvement du produit. D'autre part, comme la consommation ne va point du même pas que la production, la différence de vitesse nécessite encore une accumulation. L'accumulation totale se mesure à la fois sur la période de production et sur la période de consommation : plus la production est longue, plus il faut de capital; plus la consommation est lente, plus il faut encore de capital.

Si donc il est vrai de dire que tout capital est composé de produits, il faut ajouter que ce sont des produits accumulés, qui ne peuvent s'échanger contre des produits ou des services non accumulés.

Il en résulte qu'une certaine organisation du crédit et de la circulation peut bien arriver à déplacer le lieu de l'accumulation, à en rejeter, par exemple, la nécessité du consommateur sur le producteur ou d'un producteur sur un autre producteur, mais sans jamais exonérer définitivement de l'accumulation elle-même, hors laquelle point de production. La coopération ouvrière, assistée de la banque d'échange la plus perfectionnée, a besoin d'un capital réel ou d'un crédit s'exerçant sur un capital réel, tout comme la société commerciale manifestement basée sur la commandite, tout comme le Robinson solitaire qui produit pour sa consommation sans aucun but d'échange. Un mode quelconque d'activité ne tire sa puissance que des capitaux d'épargne ou de crédit qu'il peut réunir et du courage intelligent qu'il permet de déployer dans leur utilisation.

XXV

Efficacité progressive de la concentration des capitaux.

Ainsi, tout capital exige une accumulation préalable. Mais il y a plus : l'utilité sociale des capitaux accumulés dépend souvent moins de leur importance totale que de leur groupement. Leur efficacité grandit avec leur concentration.

Cette proposition a une physionomie un peu abstraite, nous allons la mettre en fable : — c'est la ressource ordinaire des économistes.

Une tribu de 500 chasseurs et pêcheurs vit pauvrement sur le bord d'un rivage, à la lisière d'une forêt. Chacun loge sous une hutte ou dans une caverne et possède, avec quelques ustensiles de ménage, celui-ci un fusil et des pièges, celui-là un canot, des filets et des hains. Cette misère représente environ 200 francs par individu : le capital de la tribu tout entière est à peu près de 100,000 francs. L'existence s'écoule au jour le jour. Quand on prend un gros gibier ou si la pêche est abondante, on fait bombance; on sale, on fume, on sèche l'excédant. Lorsque gibier et poisson font défaut, on se nourrit, comme on peut, des salaisons et des conserves.

Arrive une aubaine, une aubaine de 100,000 francs, qui double la fortune de la tribu. Faut-il faire une répartition égale à chacun? donner à tout individu de quoi doubler son mobilier et son attirail de chasse ou de pêche? — Non; si j'étais la Providence, je n'agirais pas ainsi. Je choisirais les cinquante plus capables, et donnerais à chacun d'eux une valeur de 2,000 francs : la subsistance d'une année, la semence de dix hectares, une charrue, une paire de bœufs ou de chevaux. Les résultats seront surprenants. Au lieu d'un lièvre par hectare, on obtiendra un bœuf. Il fallait deux ou trois kilomètres carrés pour nourrir un chasseur; pour un laboureur, il ne faut plus que deux ou trois hectares, un domaine cent fois moins étendu. Ce n'est pas tout. La régularité, l'abondance des produits de la culture profitent à toute la communauté. Une centaine d'anciens chasseurs et pêcheurs deviennent manouvriers, artisans ou gardiens à la solde des cinquante laboureurs. La sécurité s'accroît. On est en mesure de résister aux pillages et aux déprédations des peuplades voisines. Presque tout le reste de la tribu se fait pasteur ou cultivateur, et emprunte au besoin la semence et la charrue des laboureurs.

Arrive une seconde aubaine, encore de 100,000 francs, qui triple le capital de la tribu. Va-t-on la répartir entre les cinq cents citoyens ou les cinquante laboureurs? — Non; je choisis encore les cinq laboureurs les plus capables et je donne à chacun d'eux un capital de 20,000 francs : corps de ferme, grange, four, pressoir, étable, bestiaux et étalons reproducteurs. Ce seront les entrepôts, les greniers, les ateliers ruraux, les haras où, par l'intermédiaire des cinq fermiers, la communauté pourra abriter ses récoltes, préparer ses produits alimentaires, entretenir ses semences et recruter ses troupeaux. Grâce à cette fonction supérieure, toutes les fonctions inférieures s'accomplissent avec un profit plus grand.

Arrive enfin une dernière aubaine, toujours de 100,000 francs, qui quadruple le capital primitif. Ira-t-elle aux cinq cents citoyens, aux cinquante laboureurs, aux cinq fermiers? — Comme Providence, je m'y oppose. Je divise par moitié la somme entre deux hommes entreprenants dont je fais des industriels. L'un transforme un bras de rivière en force motrice d'une machine à battre, d'un moulin, d'une scierie. L'autre construit une digue le long du fleuve et préserve la communauté d'inondations périodiques ; sur la digue, il dispose un chemin qui aboutit à un havre assez sûr ; il y abrite un bateau à l'aide duquel il exporte les produits de la tribu et lui rapporte des objets de fabrication étrangère dont elle n'avait pas l'équivalent ou qu'elle ne pouvait produire qu'à grands frais.

On voit dans cet apologue que toute concentration nouvelle amène un progrès nouveau, pourvu que le capital supérieur se base sur une assise suffisamment large de capitaux inférieurs. L'accumulation est prématurée quand la clientèle des petits capitaux est insuffisante pour l'utilisation complète du grand capital. L'accumulation est tardive si le grand capital fait défaut à la clientèle toute prête des petits capitaux. Il y a enfin réaction, marche en arrière, décadence, quand un capital supérieur fonctionnant utilement est contraint à se disperser.

XXVI

Individualisation des capitaux.

Rien donc ne peut suppléer à la concentration des capitaux. Nulle combinaison miraculeuse ne peut tenir lieu de l'accumulation absente, ni faire que le progrès industriel ne soit pas connexe à l'importance croissante des accumulations.

Sur ce point, le développement contemporain est en pleine conformité avec les lois économiques. Bien vaine serait la pensée de remonter l'irrésistible courant du progrès, de protester contre l'invasion des grandes entreprises et de rêver le retour d'une modeste industrie familiale. Quelque respect qu'on ait du passé, on ne saurait nourrir une telle illusion ; il faut comprendre que toute réforme sociale doit s'adapter aux nécessités modernes. A ce point de vue, l'illusion coopérative me semble de même ordre que l'illusion patriarcale, l'une ou l'autre est impuissante à procurer l'organisation du travail.

La grande question sociale, c'est de concilier la concentration des capitaux avec l'activité des propriétaires et la personnalité des metteurs en œuvre. Le problème n'est pas résolu quand tout le monde, en des proportions diverses, est actionnaire ou obligataire, et simultanément employé ou salarié. Il faut que toute épargne, tout patrimoine, tout titre de propriété, en un mot, confère un droit d'activité, un moyen d'autonomie personnelle, sous la condition d'une rigoureuse interdépendance des activités et des autonomies qui concourent à former les vastes synthèses d'efforts et de capitaux caractéristiques de notre civilisation.

Or, je ne vois que trois combinaisons possibles pour la réunion des grands capitaux :

1° L'association par l'impôt et la mise en œuvre par les fonctionnaires publics ;

2° L'association anonyme et la mise en œuvre par des mandataires irresponsables ;

3° Le groupement des commandites spéciales ou des régies coïntéressées sous la direction et le contrôle d'entrepreneurs généraux responsables.

De ces trois modes d'association, le dernier me paraît le seul capable de respecter l'individualité des capitalistes et des travailleurs, et de donner emploi à toutes leurs qualités personnelles. C'est pourquoi je n'hésite pas à lui donner la préférence.

L'association n'est qu'un remède à l'insuffisance des capitaux et des courages individuels ; mais ce serait un poison plutôt qu'un remède si elle supprimait toute individualité. Il faut donc la rétablir dans son véritable rôle, qui est de se superposer à l'action individuelle, sans l'étouffer, et d'embrasser à la fois les personnes et les capitaux.

Ainsi, prenons pour règle qu'il faut toujours favoriser la combinaison cumulative qui comporte le plus d'initiative ou de responsabilité personnelles. Toutes choses égales d'ailleurs, l'actif d'une association anonyme est moins productif que celui d'une société en nom collectif, et l'actif d'une société quelconque moins que celui d'un entrepreneur indépendant. Je vois le capital d'autant mieux utilisé qu'il est plus individualisé. C'est une chimère que le système de l'égal morcellement des capitaux entre tous les citoyens, ayant pour contre-partie la reconstitution spontanée, par l'association, des grandes dotations nécessaires à la production ; c'est au contraire une réalité saisissante que la puissance d'un riche capitaliste qui est le propre commanditaire de son génie.

Vous souvient-il de cette aventure de 1848?... Une manifestation d'ouvriers allemands communistes s'était formée devant la maison Rothschid à Francfort. Des délégués sont introduits dans le cabinet du chef de la maison et formulent leur principe du partage des biens. « Soit, répond le banquier, vous parlez au nom de quarante millions d'Allemands ; j'ai quarante millions de fortune, voici votre part à chacun... » Et il leur donne un florin par tête.

Que serait devenue l'efficacité de ce capital de quarante millions conduit par le plus habile financier du monde, s'il avait été réduit en poussière entre les mains de quarante millions d'individus? Quelle immense force évanouie! L'aurait-on fait revivre par l'association? Au prix de combien d'efforts, de frais, de déperditions, croissant en raison du nombre des associés, pour aboutir à une gestion irresponsable!... Est-ce que le Rothschild directeur d'un anonymat de quarante millions se ressemblerait à lui-même?

A quoi sert de nier qu'il peut y avoir utilité sociale à ce que la possession des capitaux ne soit pas égalitaire, à ce que les héritages ne soient pas strictement divisés? L'inégalité peut être bonne même pour ceux qui paraissent en souffrir. L'intérêt général est satisfait du moment que l'accumulation se proportionne à la capacité des possesseurs.

A cet égard, tout chef de famille a un grand rôle à remplir, puisque c'est lui qui, par ses dotations et ses dispositions testamentaires, par le choix de ses gendres et la désignation de ses successeurs, est le principal répartiteur des capitaux, le seul en la probité, en la justice et en la bienveillance duquel on puisse généralement se confier.

XXVII

La réforme industrielle par les patrons intéressés.

Non seulement l'accumulation personnelle est plus efficace que toute autre, mais le patronat individuel, comparé au patronat administratif, est bien plus accessible au progrès, plus habile et plus prompt à organiser les responsabilités, à tirer parti des auxiliaires et à les récompenser.

Il ne faut pas s'illusionner. Ce n'est pas de la philanthropie qu'on obtiendra l'amélioration des conditions du travail; ce n'est pas non plus de la coercition : les patrons sauront toujours se dérober aux revendications ou reprendre avec usure ce qu'ils auront dû abandonner à la force.

C'est l'intérêt des patrons qui seul peut garantir la réforme industrielle; c'est la nécessité qui l'inspirera. Le meilleur chef est le plus dur au travail et le plus intéressé. En cherchant son intérêt personnel, il trouve l'intérêt social; mais il faut naturellement deux choses : d'abord, qu'il ait un intérêt personnel, ce qui n'existe pas dans les anonymats et les monopoles, réfractaires pour cette raison au progrès; ensuite qu'il ait l'intelligence de son intérêt, qualité peu répandue. Il faut donc aviver à la fois l'intelligence et l'intérêt, l'une par l'enseignement et l'exemple, l'autre par la concurrence. La concurrence est le seul socialisme efficace.

Je sens bien tout ce qu'il y a de pénible, pour le travailleur qui souffre, à s'entendre dire que c'est du patron qui l'exploite qu'il doit attendre l'amélioration de son sort. Et pourtant c'est la vérité. Le soldat ne s'élève qu'en raison du progrès du sous-officier, et celui-ci en raison du progrès de l'officier. C'est une hiérarchie naturelle.

Avoir conscience de sa misère, ce n'est pas être capable de s'affranchir de sa misère. De notre temps, l'accession des classes ouvrières au suffrage politique et à la discussion quotidienne des choses gouvernementales, les prédications des journaux et des réunions publiques, la propagande des agents électoraux ou socialistes, ont ouvert les yeux des travailleurs aux côtés fâcheux de leur situation, ont développé chez eux le sentiment de leurs souffrances et suscité d'infatigables protestations. Mais ce n'est pas la conception d'un idéal absolu ni la conscience de l'exacte justice qui a raison en ce monde, c'est le sens pratique du possible et du nécessaire relativement aux conditions présentes.

L'histoire en fournit un continuel exemple.

La féodalité, tout absurde et révoltante qu'elle nous paraisse aujourd'hui, fut, dans son temps, relativement utile. Mieux valait pour le serf un dur défenseur que pas de défenseur du tout; il était encore préférable d'avoir des brigands avec soi que contre soi. « La preuve en est, dit Taine, qu'on accourait dans l'enceinte féodale, sitôt qu'elle était faite. » Plus tard, quand la féodalité militante, émasculée et gâtée, fut devenue une noblesse inutile, quand le privilège eut survécu à la fonction, alors la bourgeoisie, le tiers état, qui détenait l'intelligence active du pays et n'en exerçait pas les droits corrélatifs, fit une révolution, 1789, et se mit à la place de la noblesse et de la royauté comme pouvoir dirigeant. Aucune révolution, à son origine du moins, n'a été plus justifiée.

Aujourd'hui, une partie du peuple voudrait s'insurger contre la bourgeoisie, et la précipiter à son tour. C'est une erreur basée sur une fausse analogie et, d'ailleurs, un projet impraticable. La bourgeoisie est toujours, je ne dirai pas la classe la plus pure et la plus généreuse, ce n'est pas à cela que se mesure le pouvoir dirigeant, mais la classe la plus instruite, la plus sensée et la plus capable, dans la généralité des applications sociales. Elle comprend tous les cadres et, malgré beaucoup d'abus, elle seule est en état de les occuper.

Supposez l'armée française dépouillée de ses officiers, de ses colonels... Que serait-ce? Un mélange de soldats instinctifs, à idées simples et à passions soudaines, ayant la vue bornée aux résultats immédiats et, par suite, le caractère mobile et incertain : au total, une force vive dont on peut tirer grand parti, mais difficile à coordonner, à maintenir et à diriger. S'il n'y avait pour commandants que des sous-officiers sans prestige et sans autorité personnelle, d'avance on pourrait être sûr que cette troupe, héroïque et disciplinée sous d'autres chefs, deviendrait vite tumultueuse, irrégulière et impuissante, — quelque chose comme l'armée des fédérés de la Commune de Paris pendant l'insurrection de 1871.

L'ordre social a les mêmes exigences que l'ordre militaire. Dans une armée où l'avancement est régulier, les soldats et les sous-officiers ne réussiront jamais à renverser les officiers et les colonels, qui forment pourtant une bien petite minorité. Et, dans la société, la bourgeoisie se maintiendra inébranlablement au pouvoir tant qu'elle conservera le maximum de bons sens et de capacité dirigeante, c'est-à-dire tant qu'elle ne sera pas devenue une caste fermée et qu'elle continuera à se recruter de l'élite des travailleurs. Ce recrutement-là, c'est la perpétuité du règne de la bourgeoisie, et le découronnement incessant de la classe ouvrière.

De ce côté, cependant, un nuage point à l'horizon : la centralisation industrielle et financière, l'ingérence abusive de l'État, les privilèges et les monopoles rendent plus difficile de jour en jour le passage du salariat au patronat, de la classe ouvrière à la bourgeoisie. De son côté, la bourgeoisie ne se compose plus tout entière de patrons ; beaucoup de ses fils deviennent des employés, et retombent ainsi dans une forme du salariat. Il en résulte que l'écart se tend. La classe des ouvriers et des employés se charge de trop d'intelligence qui s'agite et se rébellionne, et que la bourgeoisie proprement dite aurait dû absorber. Toutes les fois que le peuple devient trop intelligent, c'est un signe que la bourgeoisie ne l'est pas assez, que le canal qui mène de l'un à l'autre s'est obstrué.

La difficulté capitale résulte aujourd'hui de l'avénement de la grande industrie, du grand commerce, de la haute banque, des énormes entreprises, accessibles seules à la haute bourgeoisie, à cette oligarchie millionnaire, qui menace de reléguer tout le reste de la nation dans les arts et métiers de l'esprit et du corps. Je ne vois, pour ma part, de remède à cet état critique que si l'on peut, comme je l'ai dit, organiser en de nouveaux cadres industriels une petite bourgeoisie intermédiaire entre les grands entrepreneurs et leurs salariés. Ces cadres nouveaux absorberaient tout l'excédant intellectuel qui surcharge aujourd'hui les professions libérales et les emplois salariés, et qui ébranle inutilement la société.

Pour une telle réforme, qui au fond serait moins difficile qu'on ne croit, la liberté est une condition absolue : j'entends la liberté responsable, la liberté soumise à tous les risques et à tous les aiguillons de la concurrence. L'homme est naturellement indolent, et le patron monopoleur plus que tout autre : ce n'est qu'en lui ôtant sa sécurité somnolente qu'on le forcera à se chercher des auxiliaires et à les utiliser comme ils le méritent.

Quant à vous, travailleurs, votre programme est bien plus simple que vous ne semblez le penser. Au lieu de raffiner du socialisme et de vous réclamer toujours d'une sorte quelconque du protectionnisme de l'État, ce qui aboutit, sous une forme administrative et impersonnelle, à de nouveaux privilèges, à de nouveaux abus, à de nouvelles castes et finalement à une aggravation du marasme social, il faut croire à la liberté et en respecter les exigences. Comprenez donc vos intérêts. C'est la centralisation qui fait l'entente des oligarques. Rompez le faisceau, déchaînez les bourgeois les uns contre les autres : la concurrence des patrons fera la prospérité des travailleurs, et j'ajoute, car je ne voudrais pas parler en traître, la vitalité permanente de la bourgeoisie.

TROISIÈME PARTIE.

LA VIE PUBLIQUE

XXVIII

La commune : type américain.

Après la famille et le métier, nous arrivons à la vie publique.

Ici le champ s'agrandit, et il convient d'être plus prudent à mesure que le sujet devient plus complexe. La société n'est pas comme un monument qu'on peut démolir de fond en comble et rebâtir ensuite sur un plan nouveau ; c'est un corps vivant très compliqué, dont la vie résulte d'une foule d'actions et de réactions qui le plus souvent nous échappent. Nous sommes bien loin de posséder exactement la physiologie de ce grand corps; nous ignorons l'anatomie précise de ses organes, en sorte que, pour le soigner, le guérir, le fortifier, nous n'avons de guide un peu sûr que l'expérience la plus rapprochée possible du temps et du pays que nous occupons. Hors de là tout est incertain. Une réforme qui semble libérale deviendra quelquefois un moyen d'oppression; une tradition, au contraire, que l'on ne songeait pas à estimer, que l'on croyait indifférente, se trouve être un organe essentiel, une racine de liberté. Ainsi, toute innovation apparaît comme environnée d'un cortège de périls inconnus. Si l'on était sage, on ne réformerait jamais ce qui blesse que dans la mesure exacte de la souffrance, et l'on chercherait à interpréter les lois avant de les modifier, on se résoudrait à les tourner plutôt qu'à les abolir. C'est la manière de procéder du peuple anglais, qui a recueilli de sa prudence des fruits excellents.

L'édifice ainsi rajusté sera disparate. Qu'importe? Une constitution n'est pas un objet d'art; c'est une œuvre de vitalité. Si nous observons les animaux inférieurs, — rayonnés, mollusques, articulés, — que voyons-nous? Une symétrie d'autant plus parfaite que l'organisation est plus pauvre. A mesure qu'on s'élève dans l'échelle des êtres, on constate que les organes surabondants s'atrophient, tandis que d'autres ont pris un développement proportionnel à leur utilité accrue : tel vaisseau qui se renfle devient un viscère, telle membrane qui se plisse forme une glande; la symétrie se rompt au profit de la spécialité, le plan se déforme ; néanmoins, l'équilibre subsiste, se modifiant incessamment en raison des nécessités quotidiennes, sans révolution soudaine, par empirisme successif, par tâtonnements.

Il ne faut pas prétendre faire mieux les choses que nous n'avons été faits nous-mêmes. Au lieu de formuler des principes de métaphysique administrative et politique, d'en déduire les développements rationnels et d'en faire des applications forcées, restons dans la sphère où il est permis d'agir, cherchons simplement parmi nos conditions sociales celles qui sont favorables à notre liberté, et essayons dans quel sens il faut les élargir pour nous permettre, à tous, cette activité nécessaire qui est identique avec le bonheur.

Muni de cette pierre de touche qui n'est pas trompeuse, le bonheur par l'activité, nous remarquerons vite que toute participation de l'individu à la vie publique est un motif de joie, et que cette joie révèle une force latente universellement répandue ; nous regretterons alors que la satisfaction de l'activité publique soit départie à si peu de citoyens et qu'il y ait dans la société tant de force inutilisée.

Comment le grand nombre pourrait-il prendre sa part de la vie publique? — Par l'administration de la commune, théâtre accessible à tous les talents, même aux plus humbles.

Administration des biens collectifs et des ressources générales, délibération, gestion, police, contrôle : ce sont-là des travaux variés qui exigent du temps, de la peine et de la responsabilité, et qui ne peuvent le plus souvent offrir en rémunération qu'une certaine considération publique. Mais cela suffit amplement.

Il n'y a pas de plus grand plaisir que de remplir une fonction publique ou corporative, dès qu'il s'y attache un titre personnel. Au contraire, les fonctions anonymes assomment comme des corvées. Mais qu'on soit seulement caporal de sapeurs-pompiers, et l'on paiera de sa personne, on travaillera pour la gloire dix fois plus que pour le profit. Ah! si l'on savait se servir de cette passion humaine des fonctions publiques distinctives, quelle force précieuse on utiliserait! Combien d'hommes, las de leur vie fastidieuse ordinaire, ont risqué leur existence pour le plaisir d'être fonctionnaires, pendant deux mois, de la Commune de Paris!

La municipalité, en France, est-elle organisée de manière à permettre l'emploi des bonnes volontés et des intelligences disponibles?

Elle comporte, en moyenne, un maire, un adjoint, dix ou douze conseillers, et c'est tout. Si vous défalquez les délibérants, il reste un fonctionnaire et son suppléant, et, en dehors de l'administratif proprement dit, rien autre chose que le corps excellent des pompiers.

J'avoue que le catholicisme avait mieux su organiser ses paroisses pour y rattacher adroitement les fidèles par les liens de la coopération volontaire. Dans l'église, on était diacre, sous-diacre, chef de lutrin, joueur de serpent, chantre, sonneur de cloches, marguillier, quêteur, distributeur de pain bénit, ou tout au moins membre d'une confrérie. En certaines villes, je me rappelle les bleus, les blancs, les noirs, les rouges; chacun avec son costume, son rang, sa fonction, sa dignité : porte-croix, porte-bannière, porte-cordons de la bannière, porte-dais, porte-encensoir, porte-lanterne, porte-cierge... Cela est enfantin, si l'on veut, mais cela tient au cœur; et plutôt que de renoncer à ces honneurs et à ces insignes, le peuple s'attarde à son culte, même quand la foi décline.

L'homme a un tel besoin d'être quelque chose que, dès qu'il a un rôle, même infime, il en est fier et jaloux ; il s'y dévoue, il va jusqu'à sacrifier son intérêt privé à l'amour-propre de sa fonction publique.

En Amérique, notamment dans la Nouvelle-Angleterre, ce sentiment s'est traduit en une organisation communale toute particulière. Au lieu d'un maire unique nommé pour des années, centralisant l'activité communale sous le contrôle d'un conseil restreint, l'administration locale se compose de nombreux commissaires annuels spéciaux et responsables : les *selectmen* (délégués), chargés de l'accomplissement des devoirs imposés par l'État à la commune, de l'exécution des délibérations populaires, de la convocation des assemblées ; le *constable*, chargé de la police; le greffier, chargé de l'état civil; les assesseurs, qui établissent l'impôt; les collecteurs, qui le lèvent; le trésorier, qui garde les fonds; les voyers, chargés des chemins vicinaux ; le surveillant des pauvres, les commissaires des écoles, les commissaires du culte, les organisateurs de secours en cas d'incendie, les gardiens des récoltes, les préposés aux poids et mesures, à la bonne tenue des clôtures, à l'usage des biens communaux, etc. — « On compte en tout dix-neuf fonctions principales dans la commune, » dit M. de Tocqueville, pour une moyenne de 2 à 3,000 habitants.

C'est le renversement de nos idées; mais ce renversement-là est peut-être bien plus près de l'ordre naturel des choses.

« Avec quel art, s'écrie M. de Tocqueville, on a eu soin dans la commune américaine d'éparpiller la puissance, afin d'intéresser plus de monde à la chose publique ! Indépendamment des électeurs, appelés de temps en temps à faire des actes de gouvernement, que de fonctions diverses, que de magistrats différents, qui tous, dans le cercle de leurs attributions, représentent la corporation puissante au nom de laquelle ils agissent ! Combien d'hommes exploitent ainsi à leur profit la puissance communale et s'y intéressent pour eux-mêmes ! — Le système américain ne craint pas non plus de multiplier les devoirs communaux. Aux États-Unis, on pense avec raison que l'amour de la patrie est une espèce de culte auquel les hommes s'attachent par les pratiques. »

Aussi, en dépit des vices de la démocratie américaine, livrée aux politiciens, la vitalité de la nation est intacte, grâce à sa constitution communale. N'est-ce pas la commune, en effet, qui donne satisfaction à tous les intérêts primordiaux ?

XXIX

La commune : type allemand.

La commune américaine est un type dont nous sommes bien éloignés; mais, plus près de nous, nous avons des modèles intermédiaires.

En 1876, le parlement prussien s'est occupé de

concilier les différents régimes communaux établis sur son territoire peu homogène. Il a distingué les communes rurales, considérées comme mineures, des communes urbaines, considérées comme émancipées. L'observation sur laquelle se fondait le législateur pour établir cette distinction, est qu'on trouve rarement dans les villages assez d'hommes instruits pour qu'on puisse leur confier la totalité des pouvoirs municipaux. Mais le degré d'aptitude administrative présumée qui sépare la ville du village, dans cette législation, n'est pas une limite infranchissable : par ordonnance royale rendue sur la demande des intéressés, une commune rurale peut être autorisée à s'appliquer l'organisation urbaine ; et, par contre, il est permis à une ville de préférer être traitée administrativement en village. La tutelle administrative, lorsqu'il y a lieu de l'exercer, est déférée au canton à l'égard des villages, et à l'arrondissement à l'égard des villes.

Une faculté bien précieuse, c'est le droit reconnu aux provinces, aux arrondissements et aux communes de régler dans des statuts particuliers tout ce que la loi n'a pas prescrit explicitement : cens des électeurs municipaux, durée du séjour préalable pour conférer l'électorat, incompatibilités électives, nombre des conseillers municipaux et même constitution du pouvoir exécutif local. Sur ce dernier point, la commune peut décider qu'elle sera administrée par un bourgmestre (maire) assisté d'adjoints, comme en France, ou par un comité appelé *Magistrat*. Le bourgmestre ou les membres du *Magistrat* collectif, toujours élus par le conseil municipal, peuvent être pris en dehors de la commune parmi des hommes spéciaux : administrateurs, légistes, ingénieurs, pédagogues, etc. C'est ce qui motive ces avis que l'on rencontre dans les journaux allemands : *La ville de X... demande un bourgmestre. Le traitement est de tant. Les candidats sont invités à s'adresser à M... pour faire valoir leurs titres.* On applique ainsi la division du travail et l'émulation professionnelle aux fonctions administratives. Une fois élu, le pouvoir exécutif communal n'est pas humblement soumis aux décisions du pouvoir délibérant. Le bourgmestre ou le *Magistrat* ne peut rien entreprendre sans l'autorisation du conseil municipal, mais il peut s'opposer aux délibérations qu'il n'approuve pas, sauf au conseil à en appeler au tribunal administratif du département.

Ce qui me paraît séduisant dans ce système, c'est son élasticité, qui lui permet de s'adapter à toutes les localités, à tous les tempéraments, à tous les degrés d'avancement des populations ; la liberté et la responsabilité y sont à la fois ménagées. Au lieu que, dans notre rigidité réglementaire et avec notre manie de simplification symétrique, nous imposons les mêmes règles, formalités et agissements, la même constitution à la commune du nord et à celle du midi, à la commune maritime et à la commune terrienne, à la commune industrielle et à la commune agricole, à la commune de 2 millions et à la commune de 100 habitants.

Paris se confond presque, comme territoire, avec le département de la Seine ; aussi, le conseil général et le conseil municipal sont-ils à peu près composés des mêmes personnalités. C'est comme un département, — et quel département ! — sans cantons ni communes, qui serait tout entier administré par le préfet et le conseil général. En dépit des artifices, la vie municipale est absente dans la grande ville. Il suffit de se rappeler pourtant les quatre mois du siège, en 1870-1871, pour se figurer combien elle pourrait être active.

.Dans chaque quartier, des commissions diverses fonctionnaient à côté des municipalités d'arrondissement : commissions d'armement, de subsistance, de salubrité, d'instruction, d'assistance, etc. En dehors de la garde nationale armée, il y avait la garde urbaine, sans armes, composée d'hommes mûrs, gens d'ordre et d'administration. Chaque îlot de maisons avait son chef électif, chaque rue, pour ainsi dire, son représentant fonctionnaire. On s'est moqué de cette rage d'uniformes, de grades et de fonctions; autant rire d'une force naturelle inutilisée, autant se railler d'un torrent qui s'épuise en mille vains efforts, bondit contre les rochers, se couvre d'écume et tombe à la fin dans un trou où il se perd : mieux avisé celui qui sait endiguer le courant et qui réussit à lui faire tourner son moulin. Rien de ce qui peut être utile n'est méprisable.

On a dit que la plupart de nos campagnes ne renferment pas les éléments intellectuels nécessaires pour former une bonne administration communale. Il faut craindre que cela ne soit vrai. Mais est-ce une raison pour faire passer les 36,000 communes de France sous le même joug et le même inflexible niveau? Par là, on arrive à délaisser les ressources intellectuelles et les activités spontanées du pays. C'est le calme, dira-t-on. Non, c'est le sommeil et l'ennui. D'ailleurs, s'il faut regretter ce régime stupéfiant de nos communes, ce n'est pas qu'on doive demander des prescriptions formelles dans un autre sens : de la liberté seulement. Qu'il soit permis, là où on le préfère, de se mettre sous une tutelle administrative; mais qu'il soit possible, en revanche, là où on le pourrait, de s'émanciper, d'étendre les conseils, d'élire, avec le maire, autant d'adjoints ou de commissaires spéciaux qu'il y aurait de fonctions particulières à leur confier utilement. Il n'y a pas de vie politique active et sérieuse à espérer, pas de république digne de ce nom sans une vie municipale intense qui la fonde et la prépare. La commune est l'école publique indispensable de l'électeur, du représentant et du fonctionnaire.

Cette liberté communale, ce progrès, comment l'acquérir? — Comme tous les progrès : en marchant, en faisant comme nos pères, les bourgeois du moyen âge, qui n'ont pas conquis leurs franchises municipales en attendant la réforme au coin du feu, mais qui se sont administrés eux-mêmes sans en demander la permission. Que les citoyens actifs méritent donc leur autonomie communale par leur initiative individuelle; qu'ils s'associent, qu'ils se syndiquent, qu'ils s'unissent en sociétés de travaux, d'exploitation, d'instruction, de secours, etc., et surtout qu'ils ne renforcent pas les exigences administratives en allant trop au-devant d'elles. En principe, il faut agir comme si on était libre, et, d'ailleurs, ne rien faire que de juste. Le respect exagéré du règlement, quand on ne nuit à personne, est quelquefois une superstition ou une pusillanimité.

XXX

Le suffrage politique. Responsabilité morale de l'électeur.

La vie politique proprement dite est plus difficile à organiser que la vie communale. Un petit nombre d'individus seulement, dans l'immensité du pays, peut prendre part à l'exercice des pouvoirs gouvernementaux. Il n'est permis, à la généralité des citoyens, de s'intéresser à la chose publique et d'y coopérer que par le suffrage.

Ce suffrage lui-même est une fonction délicate, abstraite, peu compréhensible pour les intelligences qui ne vont pas au delà des résultats immédiats et tangibles. L'électeur ne dispose que d'une fraction infinitésimale de pouvoir ; il ne connaît pas le candidat qui le sollicite; il est incapable d'ailleurs de lui dicter un mandat précis, car, sentant ses souffrances et aveuglé par ses besoins spéciaux, il ne peut pas apprécier, dans son ignorance et son incompétence, si loin du foyer où convergent toutes les nécessités du pays, quels seraient les remèdes efficaces et possibles aux maux dont il souffre.

Il élit donc un inconnu, sur le bruit de sa notoriété, sur les promesses de sa faconde, sur les recommandations des journaux et des comités. Il le suit de loin à la Chambre, il voit son nom de temps en temps dans les feuilles publiques ; plus tard, quand le député se représente devant lui, il est dans l'impossibilité de juger des actes ou des efforts de son élu autrement que par quelques votes à effet que la presse commente. Il serait d'ailleurs incapable de prévoir les conséquences lointaines des mesures législatives auxquelles son député aurait coopéré. En fin de compte, le plus ordinairement, il lui continue ou non sa faveur, suivant le dévouement qu'il aura montré aux intérêts locaux et la complaisance dont il aura fait preuve en faveur des réclamations et sollicitations particulières.

Il faut bien le dire, l'inconvénient de tout suffrage est d'être aveugle par lui-même. S'en remettre au nombre pour gouverner, c'est confier à l'inertie la direction sociale.

S'ensuit-il qu'il serait désirable qu'on supprimât le suffrage? Certes non, on tomberait dans une oligarchie pire que la démocratie.

Doit-on du moins chercher à restreindre le suffrage? Pour ma part, je ne le crois pas. Il semble vraiment, d'après l'expérience acquise, que les vices du nombre, — la corruptibilité, la vanité, le préjugé, l'ignorance, la méfiance de la liberté, l'amour de la protection, — soient encore plus saillants dans les corps restreints d'électeurs que dans le suffrage universel.

C'est que, en effet, à mesure que le suffrage se généralise, l'influence de chaque électeur diminue; ses vices se pulvérisent et ne forment plus corps par eux-mêmes. Sous peine de perdre sa voix, il faut suivre des directions, obéir à des influences qui sont d'autant plus concentrées et puissantes que les électeurs sont plus multipliés. Dès lors, toute la valeur du suffrage dépend des influences qui le guident. Sont-elles, comme en Amérique, aux mains des *politiciens*, avocats déclassés ou intrigants de bas étage, exploiteurs de fonctions publiques: la chose est funeste pour le pays. Appartiennent-elles aux hommes éclairés et entourés de l'estime publique, aux chefs autorisés de l'opinion: le résultat est excellent. Le vote universel obéit alors à ceux qui sont les formulateurs véridiques de la conscience nationale; il répercute et enfle leur voix patriotique; l'inertie même du suffrage populaire fonctionne comme le volant d'une machine qui régularise et multiplie la force du moteur.

D'ordinaire et dans les pays comme le nôtre, le suffrage universel n'est ni tout mauvais ni tout bon, il est tri-parti de passions locales, d'intrigues politiciennes et d'influences recommandables. Le problème d'avenir consiste à accroître le plus possible la proportion de ce dernier élément. Pour cela, je ne vois que deux moyens : l'activité toujours plus grande des véritables autorités sociales, chefs de famille et d'entreprise, et la mise en relief de la responsabilité de l'électeur.

Insistons un peu sur ce point.

La responsabilité électorale est de deux sortes : morale et matérielle.

J'examine d'abord la première, et je constate qu'elle n'existe pas.

Où donc est la garantie que l'électeur votera suivant sa conscience? Son vote est secret. Il peut se soustraire aux plus légitimes influences, mépriser les conseils les plus patriotiques, violer les engagements les plus respectables, sans craindre aucune honte, aucun reproche, sans encourir le dommage moral qui menace l'auteur d'un acte regrettable ou déraisonnable.

Non, la conscience individuelle, le silence du for intérieur ne suffit pas. Il faut l'étayer de l'opinion extérieure. Il n'y a que la sympathie ou la désapprobation publique qui puisse agir efficacement sur le cœur de l'homme. Je voudrais, je l'avoue, que l'électeur signât de son nom le bulletin qu'il dépose dans l'urne ; je voudrais qu'on publiât le vote des électeurs comme on publie le vote des représentants. Le suffrage deviendrait alors l'exercice sérieux, difficile et redouté d'uue fonction soumise à une sanction. Je ne regretterais pas l'abstention des électeurs sans courage ou sans indépendance ; mais le nombre même et l'appui de l'opinion publique garantiraient le courage et préserveraient la liberté.

Cependant, aujourd'hui, la loi est formelle, le vote est secret. C'est un des caractères de notre constitution sociale. Un jour, peut-être, réformera-t-on la loi. En attendant, c'est aux mœurs qu'il appartient d'améliorer la pratique. J'estime que c'est une conduite patriotique et une épreuve salutaire pour tout citoyen actif, courageux et indépendant, de rendre compte de son vote à ses concitoyens et d'associer son nom aux manifestes électoraux, utiles à propager. Il y a deux degrés dans le devoir social aussi bien que dans le devoir militaire : suivre avec discipline quand on est simple soldat, et montrer le chemin quand on est officier. Il faut donc voter publiquement quand on est libre, et n'user du secret que quand on ne l'est pas. Le principe, c'est la publicité ; le mystère n'est qu'un expédient.

XXXI

Responsabilité matérielle de l'électeur.

J'arrive maintenant à la responsabilité matérielle de l'électeur.

Il est impossible de nier qu'au fond elle existe. Le vote se traduit en représentation, la représentation en gouvernement, tout acte de gouvernement aboutit à une dépense publique, et la dépense exige l'impôt. A ce moment, le contribuable paie le vote de l'électeur.

Pour que l'électeur ait conscience de sa responsabilité matérielle, il suffit donc qu'il aperçoive le lien qui rattache sa contribution à son vote. Or, son impôt est déguisé en boisson, en sel, en tabac, en allumettes, en savon, en sucre, en café... et l'on ose quelquefois lui dire qu'il ne possède pas le cens électoral, qu'il n'a pas payé son droit d'entrée au scrutin! — Plaisant législateur, rends-moi les quittances de ce que je te paie, et je te démontrerai surabondamment mes droits.

Dans le budget de l'État français, si l'on défalque les recettes domaniales, les recettes d'ordre et celles des services spéciaux, on trouve à peu près

La moitié des recettes, en droits de consommation ;

Le tiers, en impôts sur le mouvement des capitaux et des affaires. Ensemble : cinq sixièmes.

Le sixième restant, en impôts directs [1].

[1] Voici les bases de ce calcul approximatif :

Voies et moyens du budget ordinaire de 1880 projet du gouvernement)..................Fr.	2.756.070.370
A déduire, ressource accidentelle............	18.000.000
Reste en ressources ordinaires.............Fr.	2.738.070.370
Il faut en retrancher :	
Recettes des domaines (14.9 millions), forêts (38.1), mines (2.4); manufactures de l'État, portion des recettes correspondant aux dépenses (65.8), service des postes et télégraphes, portion des recettes correspondant aux dépenses (100.7); Université (4.6), Algérie (27.9), retenues pour pensions (19.4), produits divers (52.6). Ensemble des recettes domaniales, recettes d'ordre et de services spéciaux..............................	326.419.440
Reste en impôts proprement dits.............	2.411.650.930

Cette somme se décompose ainsi :

51 p. 100. *Droits de consommation :* Douanes et sels (306.5) ; contributions indirectes, déduction faite des impôts sur les transports et des dépenses des manufactures de l'État (903.7) ; voitures et chevaux (11.2), billards (1), cercles et lieux de réunion (1.4).

Ensemble des droits de consommation.......Fr.	1.223.754.300
33 p. 100. *Impôts sur les capitaux et les affaires :* Enregistrement (488.6), timbre (140.2), amendes et condamnations pécuniaires (9.2), valeurs mobilières (34.3), mainmorte (5,1), poids et mesures (4), visite des pharmacies et drogueries (0.2), impôts sur les transports (81.4), postes et télégraphes, produit excédant les dépenses (29.3). Total......................................	792.274.080
16 p. 100. *Contributions directes*....	395.622.550
Total égal.............Fr.	2.411.650.930

Conséquence. Si une erreur du suffrage universel se traduit en une augmentation générale des impôts, voilà l'augmentation déguisée aux cinq sixièmes, le contribuable n'est touché directement que pour un sixième. Sa responsabilité apparente est réduite à cette fraction.

Mais je fais là une hypothèse. En fait, la responsabilité de l'électeur est réduite à rien. Le suffrage universel s'est trompé, un désastre en est résulté, le budget s'en est aggravé ; on fera face à l'aggravation tout entière au moyen des impôts indirects ; on n'augmentera pas les impôts directs; le contribuable-électeur ne s'apercevra de rien, il souffrira cependant, mais sans s'en rendre compte.

On l'opérera de deux manières :

1° Opération sans douleur, par l'impôt insensible, dilué en fractions infinitésimales : un centime par article et par jour sur une trentaine d'articles, cela fait plus de cent francs par an, sans que le sujet s'en doute autrement que par un déficit imprévu en fin d'exercice. Au lieu d'être averti de ce qu'il aura à payer, le contribuable n'en sait rien, consomme toujours, fait un trou, et le bouche avec son capital ou son épargne. Comme producteur, il en sort légèrement affaibli ; comme électeur, il n'en est pas redressé : double mal, dont le dernier est, à mon avis, le plus fâcheux.

2° Opération par surprise et sans appréhension du patient, au moyen de l'impôt éventuel. Ici, le contribuable est informé. Il sait que la mort, le procès, la condamnation, la vente, la donation, l'assurance, la circulation, la correspondance, etc., sont taxés à tant pour cent; mais ce sont là, pense-t-il, des aventures qui n'arrivent pas à tout le monde : tant pis pour le voisin qui en pâtira, et tant mieux s'il paie davantage, on aura moins à payer soi-même. Faux raisonnement d'égoïste à courte vue. Chacun meurt, chacun vend, chacun plaide, chacun voyage et chacun paie, — toujours à l'improviste, toujours sur le capital, et toujours sans profit pour l'instruction et la moralité personnelles.

Voilà pour les dissimulations du fisc; mais l'administration a bien d'autres moyens plus efficaces et trompeurs pour cacher ses fautes et ses gaspillages.

Au lieu de décupler d'un coup les impôts indirects, ce qui les rendrait tout à fait sensibles et presque pas éventuels, on a recours à l'emprunt, et l'on se contente d'augmenter les contributions de la fraction nécessaire au service de l'emprunt. Par cet expédient, l'accroissement d'impôt est très faible, mais il est perpétuel. Qu'importe, si l'électeur-contribuable en avale plus facilement la pilule ?

Procédé plus simple et plus dangereux encore. On

pratique l'équivalent d'un emprunt forcé sans intérêt (équivalent pour le Trésor, non pour le pays). On déclare la monnaie métallique insuffisante pour les besoins de la circulation, et on émet du papier-monnaie ou des billets de banque.

Immédiatement, ce qu'il y a de plus bruyant dans le monde se déclare satisfait : le gouvernement, qui voit remplir ses coffres gratis ; la Banque, qui bénéficie de l'émission ; le spéculateur, le commerçant, l'industriel, les débiteurs en général, qui trouvent de l'argent à bon compte pour entreprendre ou se libérer. Des fortunes se forment et se déforment. La richesse se déplace et se dissipe. Les capitaux anciens s'émiettent en bénéfices de mauvais aloi entre les mains des agioteurs. Qui est-ce qui n'est pas content? Le créancier, le rentier, qu'on paie en monnaie dépréciée. Quels sont ceux qui souffrent? Les plus humbles, les plus nombreux, les plus silencieux : salariés, ouvriers, employés, qui reçoivent toujours le même salaire nominal avec un pouvoir d'acquisition diminué, en présence de conditions de vie de plus en plus chères. Et, en fin de compte, quand la fièvre de hausse est passée, heureux l'industriel s'il échappe à son tour au reflux de la baisse et à la résolution de la crise !

De tout cela je conclus que l'impôt indirect, l'emprunt public fondé sur l'impôt indirect et le papier-monnaie brochant sur le tout, sont des mesures de dissimulation et de despotisme qui détruisent la responsabilité du contribuable et faussent la sincérité du suffrage universel.

Ce qui caractérise le mieux les gouvernements, ce sont leurs finances publiques ; il faut laisser les électeurs à même d'en juger. Le suffrage universel a pour corrélatif nécessaire l'impôt direct universel. Quatre contributions, cinq cédules, impôt du revenu général, impôt des revenus spéciaux, taxe annuelle sur le capital, sur la possession, sur la jouissance : ce sont là des formes diverses et des problèmes secondaires, quoique importants. C'est à l'expérience fiscale à discuter l'égalité, la facilité et le rendement des contributions ; je n'en parle ici qu'au point de vue supérieur de la moralité politique, et je dis :

Pour que l'électeur se sente responsable, il faut que l'impôt soit direct et que l'emprunt, quand il est justifié, soit desservi par un impôt direct.

XXXII

Liberté et responsabilité des fonctionnaires. Sanction judiciaire.

On ne saurait examiner ici l'ensemble des fonctions publiques ; une étude si vaste excède d'ailleurs toute compétence individuelle. Chacun ne peut connaître, par expérience, qu'un petit nombre de fonctions et un petit nombre d'applications ; il lui faut donc généraliser ses observations et, dans ses plans de réforme, pour tout ce qui lui est inconnu, procéder par analogie et par symétrie : système plein d'écueils et de dangers. Comment juger sûrement d'un grand organisme social, quand il est si difficile seulement de le comprendre ? Un homme me semble singulièrement outrecuidant, lorsqu'il veut peser dans ses petites balances particulières les monuments publics que nous a légués l'histoire.

Cependant, sans avoir l'imprudente ambition de réformer l'immense machine, il n'est pas inutile de constater dans la pratique si chaque rouage est bien en place et accomplit exactement son service. Tout individu investi d'une fonction publique a-t-il, dans l'exercice de son mandat, une liberté d'action qui l'incite à donner son maximum d'efforts utiles, et est-il en retour assez directement responsable pour que tout acte répréhensible soit rapidement réprimé ? Telle est, ce me semble, la double condition du problème pour faire concourir les hommes au bien public et empêcher qu'ils n'abusent de leur autorité.

Dans la série fonctionnelle politique, nous avons constaté d'abord, au premier degré, que l'électeur, s'il est libre, n'est pas responsable, ce qui ouvre certainement la porte à beaucoup d'abus.

Au second degré, le principe est mieux respecté : le représentant, élu au scrutin individuel, par arrondissement, sans mandat impératif (ce qui n'exclut pas les mandats instructifs), délibère librement, mais publiquement, et vote nominativement ; il est donc responsable, vis-à-vis de ses électeurs, aux époques de réélection, et en tout temps devant l'opinion publique.

Au troisième degré, le ministre parlementaire dépend étroitement des représentants de la nation. Il peut même avoir plus de responsabilité que de liberté, s'il devient l'aveugle instrument d'un parti au lieu d'en être le chef, ou si l'intolérance parlementaire le met en cause à propos de tout acte isolé, sans avoir égard à l'ensemble de sa conduite. Sous des constitutions identiques, la liberté des ministres peut varier considérablement d'un pays à un autre, car elle dépend surtout des mœurs parlementaires et de l'organisation des partis. Certaines nations constitutionnelles ont des premiers ministres comparables à des souverains bienfaisants ; d'autres n'ont que des valets ministériels, qui sortent de place tous les six mois, sans réussir à mener à terme aucune entreprise sérieuse.

L'autorité ministérielle, menacée par l'instabilité

parlementaire, est d'autant moins capable de vaincre la résistance des corps administratifs. Le ministre éphémère ressemble au conducteur d'un lourd convoi de petite vitesse, qui prodigue aux populations de magnifiques et trompeurs itinéraires, et fait en vain des signaux à ses mécaniciens, serre-freins et aiguilleurs pour modifier la marche du train. L'impassible machine, roulant dans ses rails à ornière, sans arrêt ni changement de voie, continue d'écraser tout ce qui lui résiste ou qui n'a pas su se garer.

C'est ici, en effet, le lieu de nous détromper d'une illusion bien grande. Nous sommes tous assez disposés à croire que l'État est une sorte d'entité qui a des vertus propres et surhumaines, de manière que, pour échapper aux actes arbitraires, aux incapacités et aux vices des individus ou des sociétés particulières, nous recourons de suite à la providence de l'État, qui nous semble devoir être aussi impartiale qu'omnisciente, omnipotente et vertueuse. Il faudrait pourtant définir ce que c'est que l'État, et, dans nos délibérations, substituer toujours mentalement, comme le recommande Pascal, la définition à la place du défini. Louis XIV disait : L'État, c'est moi, — et il le définissait bien, puisqu'il était, ou à peu près, la seule volonté dirigeante de son royaume. Mais on suivrait une très fausse analogie si, sous prétexte de révolution accomplie et de suffrage universel, on croyait pouvoir dire maintenant : L'État, c'est la nation, c'est la volonté de tous s'exerçant pour le bien général. L'État n'est rien moins que cela. Dans la pratique, c'est tout simplement une vaste corporation de fonctionnaires qui se recrute elle-même, qui nomme ses propres juges, et, le plus souvent aussi, fait nommer à son gré les législateurs chargés de la contrôler. Comme toutes les corporations, elle sait plier et ne pas rompre, opposer une insurmontable inertie et, en définitive, se perpétuer sous tous les régimes, avec des traditions à peu près invariables.

Voilà l'État, qui, en fait, n'est pas autre chose que l'Administration. Si vous voulez connaître sa puissance occulte et envahissante, ce n'est pas dans les lois constitutionnelles et organiques qu'il faut l'étudier, mais dans les règlements administratifs, dans les statuts des compagnies privilégiées, dans les grimoires du fisc et dans l'incommensurable budget.

Tel est le pouvoir oppressif contre lequel se heurtent à la fois, sans parvenir à l'entamer, et les ministres parlementaires dénués d'autorité et les administrés privés de recours. En conséquence, on comprendra que, d'une part, la réforme administrative soit liée à la réforme parlementaire, qui rétablira l'autorité normale des ministres, et, d'autre part, à la réforme judiciaire, qui permettra au public d'exercer son contrôle particulier et de provoquer des sanctions efficaces.

Il semble, en effet, qu'un directeur d'administration puisse être considéré comme l'entrepreneur général d'un service public, non sans doute en vue d'un profit matériel (bien que le traitement soit considérable), mais en vue tout au moins d'un honneur public. Un tel entrepreneur a droit et à une certaine durée de fonction et à une certaine liberté d'action, et, en retour, on peut lui imposer une responsabilité corrélative, non pas seulement morale, mais matérielle, non pas seulement parlementaire ou hiérarchique, mais civile, c'est-à-dire donnant ouverture à l'action judiciaire des administrés.

La chose est-elle impraticable? Prenons l'exemple de la Poste, qui est une administration publique. Elle s'engage à payer 50 francs par lettre chargée qu'elle égare. La somme n'est pas très forte, ni proportionnelle à la valeur de la lettre; elle empêche néanmoins que les lettres chargées ne se perdent jamais. Il suffit donc d'une responsabilité très réduite, mais facilement applicable, pour éveiller l'attention de l'administrateur, qui dès lors sait, comme un industriel, stimuler son personnel et le maintenir en haleine. J'imagine que, si l'on parvenait à fixer une série d'amendes au profit du public pour tous les abus, erreurs et lenteurs quelconques de l'administration, on n'en souffrirait bientôt plus. Alors même que ce serait l'État qui paierait, on bénéficierait de la constatation publique des incapacités des fonctionnaires et des vices administratifs, et ce serait assez pour en obtenir le redressement. Dans cet ordre d'idées, il y aurait sans doute toute une réforme à accomplir ; mais il ne faut pas se borner à l'appeler de nos vœux platoniques. Si le remède à la bureaucratie est dans la sanction judiciaire, il faut savoir l'obtenir — en plaidant.

L'État, représenté par les différentes branches de l'administration publique, est responsable, aux termes des articles 1383 et 1384 du Code, des dommages causés par le fait, la négligence ou l'imprudence de ses agents. C'est ainsi que l'État a dû indemniser les parties civiles dans les cas suivants : homicide commis par un agent des douanes ou par un préposé des contributions indirectes dans l'exercice de ses fonctions ; saisies illégales ou mal fondées ; paiement irrégulier d'arrérages de rente ; soustraction de titres déposés ; perte de lettres chargées ; soustraction frauduleuse de lettre simple ; accidents causés par des malles-poste, ou occasionnés par des travaux publics et des réparations de voirie, ou par des chevaux de troupe, des soldats en logement, etc.

Nul doute que la liste ne pût être plus longue,

cette série semble une ébauche ; et cela prouve que les procès qu'on ose intenter à l'État ne sont pas fréquents, et qu'ils trouvent un obstacle difficile à franchir dans la question de compétence. Est-ce à la juridiction ordinaire des tribunaux et des cours, ou à la juridiction administrative des conseils de préfecture et du conseil d'État qu'il faut s'adresser ? Question fort grave et dont la solution, en pratique, entraîne souvent beaucoup de frais et de lenteurs. L'éternelle prétention de l'administration, comme on le conçoit facilement, est de faire décider que les actions tendant à faire déclarer l'État débiteur sont exclusivement de la compétence administrative. « En principe, dit un magistrat, M. Sourdat, ces actions appartiennent aux tribunaux. La juridiction administrative n'en connaît qu'en vertu de dispositions spéciales de la loi, ou quand la décision dépend de l'interprétation et de l'appréciation d'un acte administratif [1]. »

Il faut malheureusement reconnaître que le domaine abandonné au contentieux administratif, c'est-à-dire aux tribunaux amovibles, composés par l'administration elle-même, est bien vaste ; mais enfin, quelles que soient les faibles ressources laissées à l'individu, il doit en user. Si le procès devant les

[1] *Traité de la responsabilité,* tome II, page 459.

tribunaux n'est pas possible, il faut recourir au conseil d'État. A défaut d'indemnité, on aura la plaidoirie et la publicité de la presse ; les fautes administratives seront mises au jour, et, dût l'État n'être pas condamné, l'agent coupable ou maladroit sera certainement puni.

Chaque citoyen remplit ainsi un devoir public, utile à tout le monde ; et la procédure, sagement et intelligemment conduite, peut devenir un instrument de contrôle et un frein plus efficace que l'élection même des fonctionnaires, dans les pays où elle existe. L'esprit légiste, que les Américains possèdent à un haut degré, est un des fondements de leur indépendance individuelle ; il faut que nous sachions l'acquérir. Si nos moyens personnels sont trop faibles, si les frais sont trop lourds, il faut nous grouper en associations contentieuses permanentes pour la défense de nos droits et de nos libertés contre les abus et les envahissements de l'État et, par la même occasion, contre les abus et les envahissements des grandes compagnies anonymes.

Il est tout aussi important de se protéger contre les grandes compagnies que contre l'État. Elles sont du moins toujours justiciables des tribunaux ordinaires ; et cette arme qu'on possède contre elles ne doit pas être négligée : ce seul avantage suffirait pour faire préférer les compagnies privilégiées à l'État lui-même.

Évitons donc de transformer en services ministériels les administrations privées qui y ressemblent le plus; cherchons au contraire à aviver partout les moindres étincelles de responsabilité cachée; syndiquons-nous pour cela en unions judiciaires; attaquons les compagnies quand nous sommes lésés comme clients ou intéressés; attaquons l'État quand nous sommes lésés comme contribuables ou administrés; aiguillonnons et stimulons la vigilance de ces masses somnolentes et lourdes : derrière le voile de l'État ou de l'anonymat, nous atteindrons l'individualité des agents, et, par nos efforts répétés, nous réussirons à rendre le champ de la responsabilité plus large, à attirer l'attention du législateur, à obtenir peut-être un jour la mise en cause personnelle des fonctionnaires.

QUATRIÈME PARTIE.

LA DOCTRINE

XXXIII

L'âme de la réforme.

Dans cette insuffisante ébauche des conditions d'une société normale, nous avons cherché les principales réformes désirables, qu'on peut partiellement pratiquer sans attendre les changements de lois. Cependant, en admettant que les lois et les mœurs pussent être modifiées, quelles seraient, abstraction faite de tout opportunisme, les conclusions finales auxquelles nous aboutirions? Celles-ci, par exemple : la division spontanée des adultes en pères et mères de famille à postérité nombreuse, et en célibataires ou quasi-célibataires; l'autorité testamentaire des chefs de famille pour la répartition des capitaux conformément aux aptitudes ; l'entière liberté d'entreprise et de concurrence; l'autonomie locale; l'impôt direct; le vote public; la responsabilité civile des fonctionnaires; et, d'une manière générale, la liberté au maximum, sous des sanctions corrélatives.

Il ne faut pas se le dissimuler, ces conclusions, sous le régime où nous vivons, peuvent paraître effrayantes, et bien des gens seront d'avis qu'elles ne feraient qu'aggraver notre anarchie. En effet, qu'est-ce que le célibat et l'inégalité de succession sans la plus grande union fraternelle? Qu'est-ce que la liberté testamentaire sans la moralité du testateur et la prévoyance des parents? Qu'est-ce que la concurrence sans la capacité industrielle et la probité financière? Qu'est-ce que l'autonomie locale et l'impôt direct sans le patriotisme et la discipline éclairée des citoyens? Qu'est-ce que le vote public sans la bonne foi des partis et le respect de l'opinion? Qu'est-ce que la responsabilité judiciaire sans l'indépendance de la magistrature?

Les libertés absolues ont besoin d'une puissance supérieure qui soit, comme l'axe de tous les rouages excentriques, capable de les maintenir dans la sagesse et la vérité. Aussi, jusqu'à présent, ces institutions nécessaires de l'humanité ont-elles été réclamées surtout par des esprits qu'on appelle réactionnaires, qui sont confiants dans la vertu divine de leur religion, pourvu qu'on ramène le pays aux pratiques du culte, et qui alors ne craignent pas (ceux du moins qui sont sincères) d'abandonner les lisières de la société artificielle pour marcher librement sous la seule protection de la Providence. Cette école a raison et tort à la fois. Elle a raison de croire à la liberté, raison de croire à la nécessité d'un frein spirituel, et tort seulement de s'imaginer qu'elle possède encore aujourd'hui la doctrine efficace. Ces preux ne s'aperçoivent pas que leur cheval de guerre est mort déjà depuis quelque temps et ne se tient debout que par galvanisme.

Nous avons vu qu'on peut concevoir un organisme social vivant et harmonieux sans contrainte; mais où est l'âme, sans laquelle cet organisme ne serait qu'un cadavre livré à la liberté de la putréfaction et ne vaudrait pas, pratiquement, l'automatisme le plus grossier? Dans toute constitution libre, il y a un élément vital, le plus insaisissable de tous, et pourtant le plus essentiel : c'est cette âme de la société qu'il faut découvrir, car c'est en raison de sa vigueur qu'il est possible d'abandonner les artifices mécaniques pour s'en remettre à la liberté de la vie. Après l'organisation familiale, industrielle et administrative, il faut donc examiner l'organisation spirituelle, qui domine les autres. Si nous prétendions aux réformes sans fortifier le lien des esprits, nous marcherions à l'aventure et en aveugles imprudents; si nous conservions l'illusion d'une restauration féodale, nous serions rétrogrades ; mais si nous constatons la possibilité d'une doctrine positive, nous restons dans le chemin du progrès moderne.

Les fonctions spirituelles, si l'on veut qu'elles soient bien comprises, doivent être mises en perspective dans leur développement historique, pour que leur tendance finale ressorte clairement de leur évolution même. C'est pourquoi je vais rappeler, aussi rapidement que possible, l'origine et la succession de ces fonctions supérieures.

XXXIV

Origine religieuse de toute société.

Un grand philosophe contemporain, empruntant le langage de la tradition catholique, a désigné les deux ordres de fonctions sociales par ces mots : pouvoir temporel, pouvoir spirituel,— celui-ci préparant toujours le développement social, et grandissant ensuite en raison de la civilisation. Auguste Comte établit en principe que tout pouvoir social est fondé sur l'existence de certaines convictions préalables qui déterminent le concours des volontés individuelles dans l'action commune.

Ainsi, quelque puissance sociale qu'on attribue à l'intérêt ou à la sympathie, ni l'intérêt ni la sympathie ne saurait suffire à constituer la moindre société durable sans une communauté intellectuelle, résultant d'une adhésion unanime à certaines notions fondamentales propres à contenir les divergences individuelles [1].

Beaucoup d'animaux, — les singes, les chiens, les castors, — vivent en société; c'est le résultat d'un sentiment sympathique doublé d'un certain instinct d'utilité réciproque. Là, tout est stationnaire, point de progrès ultérieurs. — Des sauvages menacés ou des brigands s'attroupent : voilà un concours d'intérêts, qui durera autant que le péril, autant que l'entreprise, autant que la vie du chef hardi et impérieux qui sait conduire et contenir ses soldats. Après quoi la société se dissout et le vagabondage recommence. Si, comme l'histoire banale le raconte, les hommes de Romulus et de Rémus n'avaient été que de simples bandits, ramassis de races diverses, Rome ne se fût certainement pas fondée ; ces hommes, — on peut l'affirmer sans le savoir, — obéissaient à une foi commune ; ils croyaient probablement à la protection du dieu Mars, ou de tout autre, et s'imaginaient sans doute que Romulus et Rémus étaient ses fils.

[1] Voir le *Cours de philosophie positive*, tome IV, pages 244, 480, 481, etc.

Tout groupement d'hommes suppose une idée, — obscure, absurde peut-être, — mais une. Au commencement des sociétés, cette idée est religieuse. Il n'en peut pas être autrement. Depuis, dit Auguste Comte[1], qu'un lent et pénible développement social, à la fois intellectuel et matériel, nous a laborieusement conduits à exercer sur la nature une action suffisamment étendue, nous avons pu apprendre à nous passer graduellement, pour le soulagement de nos misères, des divers secours surnaturels ; mais, à l'origine, la confiance et le courage ne pouvaient nous venir que d'en haut, grâce aux illusions qui nous promettaient ainsi une puissance illimitée. Si l'homme alors avait pu concevoir le monde comme strictement assujetti à des lois invariables, dans l'impossibilité où il se serait trouvé de les connaître et encore plus de les diriger, cette conception n'aurait été pour lui qu'un fatal motif de découragement, et l'aurait plongé pour jamais dans son apathie primitive et dans sa torpeur mentale. Au lieu qu'en regardant tous les phénomènes comme régis par des volontés surhumaines, l'homme pouvait espérer modifier, au gré de ses désirs, l'ensemble de la nature entière ; non par lui-même sans doute, mais à l'aide de la prière et du culte, en se conciliant le secours des puissances

[1] Je cite la pensée, mais non le texte littéral.

idéales auxquelles il attribuait un empire illimité[1].

L'influence de la foi sur les destinées humaines est considérable. C'est un phénomène étrange et admirable que celui de la confiance; il décuple les facultés de l'homme. On s'est souvent émerveillé de la force prodigieuse des individus aliénés ou en proie à une grande surexcitation mentale; on a dit que, dans ces cas, la force humaine devenait plus grande. C'est une erreur; la seule confiance en soi-même permet à l'individu de déployer son maximum de puissance, c'est-à-dire de produire des efforts bien supérieurs à ceux qu'il émet d'ordinaire.

Si l'assurance favorise le courage et l'initiative, elle favorise pareillement l'enthousiasme et le dévouement. Un fait médiocre réputé divin devient sublime. (Si tu croyais en mon génie, lecteur, tu serais pénétré d'admiration de ce que j'écris.)

Ainsi, quand un homme arrive à penser qu'il est le fils d'un dieu ou en communication avec une puissance surnaturelle qui le protège, sa foi multiplie son courage, il devient un héros, et il répand autour de lui ce même sentiment de confiance; les hommes le vénèrent et le craignent comme un être supérieur, comme un ministre, un favori du ciel, un faiseur de prodiges, et ils le servent aveuglément.

[1] Voir le *Cours de philosohie positive*, tome IV, pages 475 et 476.

Lui seul contre eux tous serait le plus fort, puisque les dieux invisibles combattent pour lui. A plus forte raison, en s'associant avec lui, sera-t-on sûr de la victoire. Remarquez que ce n'est-là qu'une idée, une illusion souvent passagère, mais combien elle est féconde ! Une foule se groupe autour d'une famille possesseur d'un fétiche ou aimée des dieux. Le culte ébauche une patrie. Une société se fonde sur une croyance.

A mesure que la foi s'enrichit, que le domaine de l'idée s'étend, la société se développe. Mais les idées ne poussent que quand on les cultive. Le progrès mental, qui domine tous les autres, se fût certainement arrêté dès sa naissance, si la société tout entière était restée livrée aux soins matériels ou aux entreprises guerrières. L'esprit religieux « a pu seul instituer, dit Auguste Comte, au sein de la société, une classe spéciale régulièrement consacrée à l'activité spéculative. » Les premiers travaux intellectuels en tout genre sont nécessairement émanés de cette classe sacerdotale. La séparation des fonctions spirituelles et des fonctions militaires ou industrielles était le pas le plus difficile et le plus important à franchir dans l'organisation des peuples. La portée intellectuelle et sociale d'une telle division fut immense.

XXXV

Le pouvoir spirituel religieux.

Rudimentaire dans le fétichisme, particulariste et indistinct dans le polythéisme, le pouvoir spirituel prend une importance proportionnelle à l'étendue de la doctrine.

Chez un peuple nomade comme les Juifs, la divinité est la nationalité même; c'est le seul lien des douze tribus. Il n'est pas démontré que les Juifs pensassent vraiment que le monde n'eût pas d'autre dieu que le leur; mais ils étaient si convaincus de l'excellence et de la prépotence de Jehovah qu'ils méprisaient tout autre que lui et l'excluaient de leur adoration.

Chez des peuples sédentaires comme les Grecs et les Romains, les divinités sont locales, la religion est le symbole de la patrie; l'une comme l'autre est étroite. S'il se forme parfois des groupements plus étendus, des fédérations, c'est l'indice que ces petites patries ont une origine commune, une affinité religieuse, un sanctuaire qui les réunit dans une croyance partagée.

Un pouvoir spirituel local, un pouvoir spirituel national, surtout quand la nation est petite, est nécessairement confondu avec le pouvoir temporel. Tantôt le roi, le commandant militaire, pontifie; tantôt le grand prêtre légifère, gouverne, combat. A Rome, on voit encore ce mélange. Les mêmes hommes y remplissaient tour à tour des fonctions religieuses et des fonctions politiques.

La religion des Romains n'était pas exclusive comme celle des Juifs, elle était ouverte en permanence et s'assimilait les cultes étrangers. Cela fut sans contredit une facilité de conquête. Mais de ce fait que les cultes particularistes subsistèrent partout et que les différentes classes de la nation, pas plus que les différentes provinces de l'empire, n'étaient unies dans un même système de croyances, — la masse restant fidèle à des superstitions diverses, et les gens éclairés, devenus sceptiques, renonçant aux dieux sans les remplacer par rien d'efficace, — on peut induire la fragilité de l'empire romain. Il n'y avait pas plus de religion que de patrie adéquate à l'Empire. Rome seule, voilà la patrie. Les provinces sont des royaumes étrangers qu'on occupe militairement. Aussi, dès que la garnison faiblit, l'Empire, qui n'a pour lien que la dicipline militaire, se désagrège.

C'est là un exemple mémorable que toute autorité

se fonde sur une communauté d'idées. L'Empire romain était artificiel, en ce sens qu'il ne subsistait que par la force d'une armée dont la caserne et la pépinière était Rome. Il aurait fallu, pour qu'il durât, que les légions continuassent à être composées de Romains patriotes et croyants, et que les chefs de légions, préfets, tribuns, consuls, *imperatores*, conservassent la vieille foi quirite de leurs légionnaires. Du moment que les souches familiales disparaissaient, se stérilisaient ou devenaient insuffisantes, et que, les conquêtes s'accroissant, il fallut composer les légions de soldats disparates, de plébéiens, d'affranchis, de sujets annexés, commandés par des chefs militaires sans lien moral, sans communauté de croyances, il était inévitable que l'Empire succombât ou se transformât.

La transformation fut trop lente. Le monothéisme judaïque, de négatif était devenu positif, de national humanitaire, à la fois simple et spontané comme les croyances anciennes, profond et réfléchi comme les philosophies dernières. Bien des efforts précurseurs avaient échoué jusque-là, mais les esprits avaient mûri pour la doctrine nouvelle ; elle enflamma les enthousiasmes. La conviction se propageait au mileu de la misère, de la démoralisation, de l'ennui, de la lassitude romaine ; une société vivante, celle de l'Église, se reformait, quand les barbares viennent interrompre cet œuvre de régénération, tranchons le mot, cette révolution; elle continue néanmoins et convertit les envahisseurs. Le moment est sublime, tant il montre la puissance de l'idée aux prises avec la force brutale.

Que serait-il advenu du monde sans le christianisme!...

« Le pouvoir spirituel, dit M. Littré, arriva, par le triomphe du christianisme, à sa plénitude; il est la démarcation suprême entre l'antiquité et le moyen âge, et la grande création de ces temps dans l'ordre moral et politique... Quoiqu'il s'intronise durant le passage orageux où périt l'Empire romain, quelque ralentissement qu'aient éprouvé les sciences et les lettres, quelque pénible qu'ait été l'évolution dans l'immixtion violente de la civilisation romaine avec la barbarie germanique, le pouvoir spirituel demeura debout, projetant la lumière dans les coins les plus reculés de la société, et prêchant sans relâche, au nom de la foi religieuse, la morale universelle.

« En effet, à fur et mesure qu'il s'agrandit, il créa un gouvernement des âmes, gouvernement certes le plus difficile et le plus important de tous. On était justement au moment où celui des corps laissait de jour en jour tomber sa force et son efficacité... Si, au temps voulu, le christianisme n'avait pas eu son avénement, comme le pouvoir temporel n'était capable de rien soutenir ni vivifier, il y aurait eu stagnation profonde et, partant, véritable décadence, c'est-à-dire l'Empire sans le christianisme. L'histoire doit donc contempler avec admiration et reconnaissance ce réseau qui, commencé par quelques mailles en apparence si ténues et si fragiles, enveloppait dans le quatrième siècle la meilleure part de l'Empire romain, réseau de prédication et d'éducation, ne laissant en dehors ni aucun lieu ni aucune condition.

« On pourrait encore, par un autre côté, apprécier l'importance de l'office, en appréciant la qualité des intelligences qui s'y dévouèrent. Les grands esprits et les grands cœurs, presque tous, passent au service du pouvoir spirituel, et, comme on l'a observé, je pense, avec justesse, ce détournement doit être compté au nombre des causes qui diminuèrent alors la culture des sciences. La science suprême était de travailler à l'œuvre qui avait pour but la direction des âmes, et elle appelait incessamment les meilleurs ouvriers. Quel intérêt ne faiblissait à côté d'un intérêt pareil ? Nulle part les questions n'étaient plus hautes ; nulle part l'utilité n'était plus présente [1]. »

A l'apogée de ce mouvement, le gouvernement des âmes est complet, par le bonheur qu'il procure, par les services inestimables qu'il rend.

[1] Littré, *Études sur les barbares et le moyen âge*, pages 27 et 28.

Jamais bonheur intellectuel ne fut plus grand. Qu'on se figure ces gens simples, crédules. malheureux, inquiets, se rendant à l'église, unique lieu de paix, de beauté, de luxe et de science, monument qui nous semble souvent merveilleux et qui jadis, en comparaison de la misère environnante, devait paraître idéal, — « magnifique pavillon d'or au bout d'un enclos fangeux, » dit Taine. — Tous les arts scéniques y concourent : architecture, sculpture, peinture, musique, drame, décoration, costume ; les fleurs, les lumières, les joyaux, les parfums et les chants. Le voisinage des tombeaux, la présence de la mort, attestée par ces dalles semées d'inscriptions funéraires, disposent au recueillement, au souvenir sans désespoir et à l'attendrissement. La foule assemblée, unanime et sympathique, se communique son émotion. Au bout de ces préparations mystiques, éclate l'éloquence d'un prêtre ou d'un moine, misérable volontaire qui vient parler des splendeurs du Ciel, esclave volontaire qui vient révéler la puissance de Dieu et confier aux plus humbles les mystères du monde.

« Je crois, s'écrie-t-il, en Dieu le Père, qui peut tout et qui créa le ciel et la terre ; je crois en Jésus-Christ, son fils, notre maître, conçu de l'Esprit, né de la Vierge, persécuté sur la terre, crucifié, mort, enseveli, qui, descendu aux enfers, en est remonté aux cieux, où il siège à la droite du Père, et attend l'heure de juger les vivants et les morts ; je crois à l'Esprit, à la sainte union universelle, au concours des Saints, à l'effacement des crimes, à la revivification des morts et à l'immortalité. »

« Amen, amen, » répond la foule transportée, qui s'en va, riche de ces révélations si conformes à ses rêves, fière de cette science qui met entre ses mains, par la piété et la prière, le bénéfice de la puissance surhumaine.

Ce même prêtre, descendu de la chaire, encore tout rayonnant de l'Esprit qu'il vient d'annoncer, sera l'arbitre des différends, le conseil respecté dans les occurrences difficiles et les entreprises douteuses ; il assiste de ses aumônes, de ses soins, de son hospitalité, les malades et les malheureux ; il plaide pour les pauvres et les opprimés auprès de ces barons ou de ces officiers dont il est aussi le confident et l'inspirateur, et envers qui il possède deux armes : l'une défensive, le droit d'asile ; l'autre pénale, l'excommunication, car les joies et les secours de l'Église sont si grands que leur seule privation est un châtiment efficace.

Mais quand cette excommunication devient une mise hors la loi, qui autorise toutes les atteintes et tous les crimes ; quand le blâme moral allume le bûcher et rend l'intolérance meurtrière ; quand le sage contrôle des prêtres supérieurs se transforme en étroite discipline ecclésiastique ; quand l'indépendance de la pauvreté volontaire ou le désintéressement du fidéicommis font place à la mainmorte et à la souveraineté temporelle ; quand le pacificateur par essence devient un belligérant ; quand le pape dépose des souverains, favorise des compétiteurs, provoque des guerres et des exterminations, autorise des esclavages (comme dans le Nouveau-Monde), gouverne les conciles, décrète les dogmes, use de la force pour les mettre à éxécution, et, non content de dire : « Hors le dogme, point de salut dans le ciel, » décide aussi : « Hors le dogme, point de sécurité sur la terre, » — alors le pouvoir spirituel faillit à son nom et à sa mission. Au lieu de réunir les hommes et de les concilier, il les divise et les entre-choque ; il prend le rôle haïssable du despotisme temporel. Cette séparation des pouvoirs, si généreuse à l'origine, si favorable à la liberté, se trouve effacée ; on retourne au chaos moral ; la civilisation menace de rétrograder.

Pourtant, qu'on se rassure. A l'ombre bienfaisante de ce pouvoir spirituel qui va se pervertissant, la pensée, la science et la morale ont fait de merveilleux progrès, et ces progrès acquis permettent un nouveau régime. La réforme religieuse et l'émancipation laïque démembrent l'autorité morale qui avait dû d'abord être concentrée aux mains de l'Église, et qui doit être maintenant divisée pour être plus libéralement exercée. Le siècle de prose succède au siècle de poésie. Le clerc qui possédait l'intégralité des fonctions intellectuelles et morales fait place au juge, à l'instituteur, à l'artiste, au savant, au médecin et au ministre du culte, restreint à son unique spécialité des spéculations ultra-terrestres.

XXXVI

Le pouvoir spirituel laïque.

La division du pouvoir, dans l'ordre moral, est aujourd'hui un fait accompli; mais, en dépit des améliorations croissantes, il s'en faut que le pouvoir spirituel moderne, fractionné, ait retrouvé l'ancienne grandeur et l'ancienne efficacité du pouvoir spirituel indivis primitivement exercé par l'Église. Les professions libérales de notre temps, qui réalisent le mieux l'idée qu'on peut se faire d'un pouvoir spirituel, sont encore bien souvent surbordonnées au gouvernement temporel et compromises dans des intérêts particuliers.

Observons-les cependant dans leurs modèles les plus remarquables.

§ 1er. — Le médecin.

De toutes les professions intellectuelles, c'est celle du médecin qui est la plus méritoirement acquise et la plus librement exercée. Elle offre peut-être le type le plus satisfaisant que nous possédions d'une autorité morale indépendante.

L'éducation est longue et coûteuse : des règlements prescrivent la durée des études et l'importance des examens ; les facultés enseignantes sont composées de professeurs nommés par l'État, avec une déférence très grande pour l'opinion médicale ; les cliniques, les hôpitaux, les laboratoires sont ouverts à tous ceux qui ont fait preuve d'aptitude ; l'observation directe des faits instructifs est ainsi toujours praticable, et c'est là l'étude essentielle, qui corrige au besoin l'insuffisance des leçons officielles.

Quand l'étudiant est reçu docteur, il n'est pas encore médecin ; c'est la confiance du public, lentement établie sur l'expérience, qui fait son succès. L'appel au médecin est toujours libre ; on va au meilleur, et le meilleur n'est pas seulement le plus savant, mais aussi le plus bienveillant, le plus dévoué, le plus discret, le plus respectable, l'homme en qui la dignité du caractère confirme davantage l'autorité de la science. A ce degré, le médecin exerce une véritable primauté sur le magistrat et le fonctionnaire. Il a le droit de refuser le témoignage des faits dont il a été le témoin et le confident. Il peut dire : « Tel acte est criminel, cherchez le coupable; tel coupable est irresponsable, ne le punissez pas; telle personne, innocente jusqu'ici, doit être désormais privée de liberté, elle n'a plus sa raison ; telle autre, provisoirement interdite, doit rentrer dans la plénitude de ses droits. » Ces arrêts redoutables s'imposent à la justice, au nom de la science et du désintéressement qui les a dictés.

Mais c'est dans la famille que le rôle du médecin peut être surtout bienfaisant; il en est l'auxiliaire indispensable. N'est-ce pas à lui qu'il appartient d'éclairer le père sur l'éducation des enfants et sur le choix des professions, de conseiller les établissements et de prévenir, s'il y a lieu, en détournant du mariage, les fatales transmissions de vices et d'infirmités héréditaires? Toute famille devrait vivre dans l'intimité de son médecin; nul chef de famille ne devrait s'exonérer de son contrôle ou négliger son avis, corroboré dans les cas graves par d'autres conseils dignes de confiance. Rien ne serait plus absurde, évidemment, que de vouloir armer le médecin d'un pouvoir de direction ou de contrainte, qui mènerait droit au despotisme de la vie privée; mais ce n'est point de cela qu'il s'agit lorsqu'on veut en faire simplement l'ami respecté de la famille. Si, pour mon compte, j'avais un fils à marier, l'épouse que je lui préférerais serait celle qui, plus que la fortune, lui apporterait, comme une promesse de gaîté, de fécondité, de bonheur et de vertu, l'attestation véridique de la santé héréditaire de sa famille. La pureté du sang est pour plus qu'on ne pense dans la pureté des consciences.

Ainsi donc, ce qui fait la juste autorité du médecin, c'est la solidité de ses études certifiée par l'élite même des médecins enseignants ; c'est le succès de sa pratique proclamé par la notoriété publique ; c'est enfin et surtout la liberté entière, pour tout le monde, de s'adresser ou de ne pas s'adresser à lui, de suivre ou de ne pas suivre ses ordonnances : la confiance résulte de l'obéissance volontaire.

§ 2. — L'AVOCAT, LE MAGISTRAT.

En cela, les avocats consultants présentent une grande analogie avec les médecins : ils sont diplomés comme eux, estimés sur la pratique, consultés et obéis volontairement. Mais les avocats consultants sont rares ; et le nombre est trop grand de ceux qui trouvent leur intérêt à ne pas concilier et à exciter plutôt les plaideurs.

Le juge est un avocat consultant, un médecin des cas sociaux pathologiques, avec cette différence que son pouvoir spirituel confine au temporel ; sa décision est obligatoire : c'est un médecin doublé d'un gendarme. Quand on consulte le médecin ou l'avocat, on n'engage que soi seul ; mais, quand on s'adresse au juge, on amène à sa barre un ou plusieurs adversaires auxquels on veut voir imposer la décision à intervenir. Médecin et avocat n'ont que des clients isolés ; les juges ont des clients simultanés, contendants, adverses. Donc, chacun n'est pas libre de s'adresser au juge de son choix, puisque la confiance ou la prédilection que l'on manifesterait, ferait la défiance et la suspicion de l'adversaire. Aussi, le juge doit-il être désigné d'avance pour que les parties n'aient point à contester de sa sincérité.

Cette nomination du juge est un problème capital. Autrefois, c'était le roi ou le seigneur qui jugeait et qui exécutait la sentence : confusion d'un pouvoir spirituel et d'un pouvoir temporel. Aujourd'hui, en France, c'est le gouvernement, et en Amérique le peuple, qui délègue l'autorité judiciaire : ce ne sont là que des variantes de l'ancienne tradition, le juge émane toujours du souverain. On peut supposer dans beaucoup de cas que le souverain est impartial entre les individus ; mais dans d'autres cas il faut admettre qu'il peut avoir intérêt à faire condamner telle partie plutôt que telle autre ; lui-même enfin peut être justiciable. Comme garantie d'indépendance, le juge, en France, une fois nommé, est inamovible ; en Amérique, il est irrévocable. Mais, dans notre pays, l'inamovibilité n'empêche pas l'avancement, la promotion à des fonctions supérieures, et c'est l'État qui promeut ; de l'autre côté de l'Atlantique, l'irrévocabilité ne dure que jusqu'à la réélection. En somme, ces constitutions sont défectueuses, et n'empêchent pas pourtant l'intégrité des juges là où il y a des mœurs et des caractères, d'autant plus que les individus trouvent des garanties supplémentaires dans les juridictions consulaires, dans les arbitrages facultatifs, quelquefois dans la latitude laissée au choix du ressort judiciaire, et enfin surtout dans l'intervention des avocats autorisés.

Ce n'est pas ici le lieu de discuter la réforme judiciaire, et de chercher comment devraient être institués le recrutement et la nomination des magistrats [1]. Il suffira de dire que tout ce qui peut

[1] N'y aurait-il pas avantage à ce que les particuliers eussent un droit de récusation à l'égard des juges nommés par le souverain comme ils l'ont à l'égard des jurés désignés par le sort ? Ne serait-il pas utile parfois que des plaideurs pussent librement sortir de leur circonscription judiciaire et choisir comme arbitre un tribunal dans lequel ils auraient particulièrement confiance, de manière à favoriser les spécialités, à rémunérer les juges proportionnellement au nombre et à l'importance des affaires, à permettre surtout sans promotion l'accroissement sur place de leur situation matérielle et

augmenter la valeur et l'indépendance du juge a un intérêt capital, car il s'en faut que le juge ait chez nous l'importance qu'il devrait avoir. Il n'est jusqu'ici que l'humble servant du législateur, une sorte de fonctionnaire du pouvoir exécutif et administratif; l'exemple des pays libres démontre qu'il doit être, surtout dans une république, l'égal du législateur. A lui incombe cette admirable mission de garder les principes de la Constitution, écrite ou tacite, contre les abus mêmes des législateurs et les incohérences possibles de la loi. Les constitutions sont faites pour mettre certaines prescriptions sociales à l'abri des atteintes capricieuses, en imposant pour tout changement la condition d'une procédure solennelle et prudente. On est en droit de s'étonner que le caractère constitutionnel, réservé aux seules mesures politiques, n'ait pas été étendu aux lois fondamentales de notre fonctionnement économique et social. Comment admettre que le code civil, le code de commerce, le code de procédure, le code pénal, que les lois générales d'impôts, les lois sur l'administration des communes, sur les sociétés, sur la presse et d'autres encore puissent

de leur réputation, à ressusciter même l'émulation entre les tribunaux, cette émulation qui exista un certain temps en Angleterre entre les différentes juridictions, et dont Adam Smith vantait l'excellent effet ?

être bouleversées par un seul vote législatif ! Ne devraient-elles pas être plus protégées encore, s'il est possible, que les dispositions politiques, et la garde ne devrait-elle pas en être confiée au juge, avec le droit de déclarer, dans toute contestation, que la loi qui n'est pas conforme à la Constitution n'est pas applicable ? — C'est ainsi que la magistrature deviendrait véritablement un des principaux organes du pouvoir spirituel.

§ 3. — Le professeur.

Après le médecin et le juge, le professeur : ce sont les trois piliers de l'édifice social.

La mission du professeur est admirable ; c'est de lui vraiment qu'on peut dire qu'il est le prolongement du père de famille. N'achève-t-il pas de former le travailleur et le citoyen que le père et la mère ébauchent ? Ce grand rôle mériterait toutes sortes d'honneurs et de prédilections. Il en est presque dépourvu. Mais il faut avouer aussi que la pratique de l'enseignement répond bien peu à l'idéal qu'on s'en fait.

Est-ce la faute du professeur ? Non, car il n'est pas libre. Les certificats d'études officielles, les baccalauréats et licences, exigés pour toutes les carrières libérales et administratives, là même où ils sont le plus inutiles, règlent l'éducation entière. Par besoin ou préjugé, tout enfant des classes aisées tend au même examen réglementaire et suit le plus sûr chemin pour y atteindre, qui est de se conformer à la discipline universitaire sous la conduite des professeurs enrégimentés. Toute liberté est nominale, car l'enseignement reste forcément coulé dans le même moule, les intelligences sont soumises à la même confection uniforme. On n'instruit pas sur mesure, les professeurs n'ont pas besoin d'inventer des procédés nouveaux ni d'en varier les adaptations, ils deviennent des tourneurs de manivelles dans des manufactures d'enfants. Séparés par spécialités étroites, ils font chacun leur classe particulière, sans se préoccuper de l'entente et de la concordance désirables avec les autres classes. Pendant l'année où les enfants passent confusément devant leurs yeux, ils ne s'attachent à développer le plus démesurément possible que la seule case des jeunes cerveaux qui leur est confiée. Ils ne pourraient d'ailleurs avoir égard ni aux facultés diverses des enfants, qu'ils n'ont pas le temps d'observer, ni aux projets et aux conditions des familles, qui leur sont inconnues. Ainsi, plus de lien prolongé entre le maître et le disciple, plus d'association entre les différentes branches de l'enseignement, qui ne sont pourtant que des rameaux du même arbre; plus de réciprocité entre l'action du professeur et celle de la famille. Le développement de l'intelligence y perd beaucoup, sans aucun doute, et celui de la moralité encore bien plus. C'est la philosophie tout entière que par un tel système on exclut de l'enseignement, car la philosophie ne s'improvise pas en une seule classe finale, elle doit s'accumuler d'année en année, elle est l'unité même à établir dans la variété des connaissances successives, et cette unité est inévitablement compromise quand les professeurs, tirant chacun de leur côté, sont étrangers les uns aux autres et à la famille. C'est ainsi pourtant que l'abus des règlements, l'immixtion de l'État dans les fonctions de l'esprit et une centralisation excessive peuvent aboutir à des conséquences funestes pour la valeur intellectuelle et morale de la race.

Du moment où l'État se fait fabricant de bacheliers au plus juste prix et dans les plus sûres conditions de succès, c'est à lui que tout le monde s'adresse. En fait, il s'est arrogé le monopole de l'enseignement, il en a fait une grande industrie qui, comme toute grande industrie, exige la division du travail et la simplification des fonctions poussées aux dernières limites. J'imagine pourtant que le résultat serait tout autre si les professeurs, moins érudits et non spécialistes, pouvaient à la fois présenter aux enfants la vérité vivante sous sa triple forme : — scientifique, historique, littéraire, — et leur en faire suivre pendant plusieurs années le développement naturel, jusqu'à sa fleur, qui est la poésie, et jusqu'à son fruit, qui est la morale.

Si cependant la division de l'enseignement était un fait irrémédiable, il y aurait tout au moins une leçon nouvelle à instituer, celle que j'appellerais volontiers de « religion des sciences », qui doit prendre le bambin dès son entrée au collège et l'accompagner aussi loin qu'il est possible de le suivre : un même maître se mettant à la portée des différents âges, et expliquant d'année en année aux mêmes élèves les vérités générales qui ressortent peu à peu des particularités qu'on leur enseigne. Ces conférences bien graduées seraient le charme et l'encouragement des élèves; elles feraient de l'instituteur une sorte de directeur spirituel des enfants, et, plus tard, peut-être leur conseiller dans la vie.

Aujourd'hui que la religion théologique est battue en brèche, il ne faut pas que la philosophie pratique et la morale y restent attachées indissolublement, elles risqueraient d'en être ébranlées. Si le prêtre doit être respecté dans ses fonctions théologiques, ce n'est pas une raison de se priver du concours indispensable du moraliste, dont l'absence se fait ressentir d'une manière si regrettable dans la société contemporaine. Quelque définition qu'on donne de la société, on y retrouve toujours, au fond, qu'elle est basée sur la coopération et la concorde. Le maître spirituel, qui se charge de multiplier les sympathies, de mettre en lumière les points de contact, les sentiments, les idées d'ensemble, les intérêts communs, et, par là, de former l'esprit public et d'incliner à la conciliation, celui, en un mot, qui donne la synthèse et qui fortifie la concorde est sans contredit l'homme le plus utile à la société. C'est le mécanicien habile qui sait agencer la machine, l'entretenir en bon état, lubréfier les rouages et atténuer les frottements. Le prêtre, au moyen âge, remplissait ce rôle, qui échoit aujourd'hui au philosophe, sans qu'on doive proscrire, bien entendu, tout autre concours sincère.

A notre époque de révolution, nous avons perdu de vue cette nécessité sociale, et volontiers nous pensons que l'esprit de critique et d'opposition est d'une importance majeure. C'est une erreur de perspective. La critique a une utilité incontestable ; mais combien plus grande quand, au lieu d'être négative et hostile, elle est stimulante et progressive, sans cesser d'être bienveillante ! Toute malveillance n'est-elle pas stérile, et n'est-ce pas, d'ordinaire, la stérilité qui est malveillante ?

Rien donc ne semble plus urgent que de réorganiser cet apostolat régulier de philosophie et de concorde. Il y faut un enseignement permanent, d'abord dans la période de l'enfance, et plus tard au profit des adultes, soit par la parole, soit par le livre, soit par le journal.

§ 4. — La presse.

Ceci nous conduit à examiner si la presse a quelque rapport avec cet apostolat. A quelques exceptions près, il faut bien reconnaître qu'elle s'en rapproche le moins possible.

Le journal est un semeur de discorde plus qu'un inspirateur de conciliation. Généralement, le publiciste est un accusateur, un censeur sévère, un dénonciateur de toutes les fautes de ses adversaires, un apologiste des actes de son parti. La balance de ces partialités sert à former l'opinion publique. Chemin faisant, par ses critiques justes et injustes, la presse stimule les pouvoirs publics et fustige tous les délictueux envers qui l'on ne peut exercer que cette sanction de blâme ou de raillerie.

Une telle polémique a son utilité, mais ne ressemble guère à l'exercice d'un pouvoir spirituel éclairé, libre et désintéressé. C'est le malheur de tout pouvoir spirituel qui se charge d'un pouvoir temporel de perdre, par ce fait, une partie de son indépendance et de son désintéressement. La fonction de journaliste est entachée de l'exploitation d'une entreprise très coûteuse, que l'État n'a pas craint de surcharger encore d'impôts et de risques, de manière à lui rendre l'existence aussi difficile que possible. La loi semble dire au journaliste : « Tu es le défenseur des libertés publiques; je te donne licence d'attaquer toutes les institutions, et tu pourras être anonyme, c'est-à-dire à peu près irresponsable, s'il te plaît; mais tu paieras. Le papier est le véhicule de tes idées, et, d'une manière générale, la matière première de toute civilisation; j'augmenterai son prix de moitié. Le transport rapide et lointain est la condition de ton succès; je le taxerai de façon à doubler ta dépense. Ce que tu pourrais livrer pour un sou, tu seras obligé de le faire payer trois; je triplerai tes risques commerciaux. Tu ne pourras plus choisir tes lecteurs, le nombre en serait trop réduit; il te faudra t'adresser à la foule, flatter et aiguiser ses passions médiocres, abaisser en proportion le niveau des idées et des sentiments que tu lui serviras; pour retenir cette clientèle fuyante, tu ne reculeras devant aucun moyen d'attraction. Mais, le plus souvent, tu ne pourras vivre de tes lecteurs; tu subsisteras d'annonces et de subventions, tu subiras des entreteneurs, tu feras de ton journal un prospectus et une affiche, et tu modifieras tes opinions en conséquence. Enfin, tu seras si fréquemment ruiné par mes caprices et mes inégalités, que les aventuriers, tenteurs de coups de main, seront tes seuls commanditaires. Va, mon ami, je t'impose d'être malhonnête, et je te livre le peuple pour l'endoctriner. »

Est-ce à dire que la presse soit vouée à n'être jamais qu'un instrument de partialité ou de vénalité ? Point du tout. Le journal est un moyen de publicité, comme la chaire, comme le livre, comme l'affiche murale, et n'est que cela. Il reflète l'honorabilité et la valeur des hommes qui s'en servent. Pour en faire un instrument de vérité, il faut en faciliter l'accès aux honnêtes gens et aux commandites sérieuses, en l'affranchissant de ses charges, de ses servitudes et de ses conditions précaires.

XXXVII.

Faut-il une centralisation spirituelle ? — La science fait l'unité.

Voilà l'actif et le passif du pouvoir spirituel de nos jours, et encore vu à travers notre désir plutôt que dans sa réalité même. On reconnaîtra bien qu'il est insuffisant. Aussi, Auguste Comte, en comparant son action douteuse aux services éclatants rendus jadis à la civilisation par le clergé catholique, dont le temps a effacé les vices pour n'en plus laisser voir que les vertus, se préoccupait surtout de la discipline morale à inculquer dans les esprits.

« *In necessariis unitas, in dubiis libertas, in omnibus caritas.* Unité dans les opinions nécessaires, liberté dans les douteuses ou les indifférentes, tolérance et charité toujours. » Il invoquait cette belle maxime ecclésiastique, et se demandait si la prétention moderne au libre examen et à la critique universelle n'est pas faite pour ébranler incessamment l'unité nécessaire qui est le vrai fondement d'une société. « Il n'y a point, disait Comte, de liberté de conscience en astronomie, en physique, en chimie, en physiologie même, en ce sens que chacun trouverait absurde de ne pas croire de confiance aux principes établis dans ces sciences par les hommes compétents. S'il en est autrement en politique, c'est uniquement parce que, les anciens principes étant tombés et les nouveaux n'étant point encore formés, il n'y a point, à proprement parler, dans cet intervalle, des principes établis [1]. »

Ailleurs, il dit encore : « En vertu de leur complication supérieure, et par suite aussi de leur plus intime contact avec l'ensemble des passions hu-

[1] *Cours de philosophie positive*, tome IV, page 44 (citation de l'Introduction au système de politique positive).

maines, les questions sociales devraient par leur nature, encore plus scrupuleusement que toutes les autres, rester concentrées chez un petit nombre d'intelligences d'élite, que la plus forte éducation préliminaire, convenablement suivie d'études directes, aurait graduellement préparées à en poursuivre avec succès la difficile élaboration [1]. » Et M. Comte rêvait d'organiser un véritable gouvernement spirituel, capable de mettre fin à notre anarchie mentale, ainsi qu'il la qualifiait.

Un autre penseur, M. John Stuart Mill, a répondu à ces visées. « C'est sans doute, dit-il, la condition nécessaire des hommes d'adopter la plupart de leurs opinions d'après l'autorité de ceux qui ont spécialement étudié les sujets auxquels elles se rapportent... Toutes les doctrines qui se présentent, recommandées par le verdict presque universel des esprits instruits, continueront sans doute à être, comme elles l'ont été jusqu'ici, acceptées sans défiance par les esprits moins instruits... Mais les penseurs les plus éminents n'ont pas besoin d'être associés ou organisés pour exercer sur l'opinion cet ascendant salutaire. Il se produira de lui-même, une fois que sera atteinte l'unanimité, sans laquelle il n'est ni désirable ni possible. C'est parce que les astronomes s'accordent dans leur enseignement qu'on ajoute foi

[1] *Cours*, tome IV, page 92.

à l'astronomie, et non parce qu'il existe une Académie des sciences ou une Société royale lançant des décrets ou rendant des décisions. » Quant à l'éducation, « qu'elle soit, dans la pratique, dirigée par la classe philosophique, lorsqu'il existe une classe philosophique ayant justifié ses titres à la place que le clergé a jusqu'ici occupée dans l'opinion, c'est une chose naturelle et indispensable. Mais que toute l'éducation soit entre les mains d'une autorité centralisée, composée de prêtres ou de philosophes, et qu'elle soit par conséquent tout entière taillée sur le même modèle et conduite en vue de la perpétuation du même type, c'est là un état de choses qui, au lieu de plaire de plus en plus aux hommes, leur répugnera assurément de plus en plus à chaque nouveau progrès qu'ils feront dans le libre exercice de leurs facultés les plus hautes [1]. »

Stuart Mill a ici certainement raison contre Comte. Ce n'est pas par la restauration d'une papauté nouvelle, par une organisation quelconque rappelant le cléricalisme, qu'on obtiendra « l'unité dans les opinions nécessaires ». Une centralisation hiérarchique n'est essentielle qu'aux doctrines subjectives et variables; mais il n'en est pas de même pour les vérités certaines et démontrables. Sur ce terrain solide, l'unité se produit librement par l'accord de

[1] *Auguste Comte et le positivisme*, pages 103 à 105.

plus en plus complet de tous ceux qui pensent, dont l'unanimité s'étend avec l'avancement de la science.

Nous disons « la Science », car elle est une, en dépit du fractionnement de nos études. « Les divisions que nous établissons entre nos sciences, sans être arbitraires, dit Auguste Comte, sont essentiellement artificielles. En réalité, le sujet de toutes nos recherches est un ; nous ne le partageons que dans la vue de séparer les difficultés pour les mieux résoudre. »

Géométrie de l'espace et du mouvement, astronomie, physique, chimie, physiologie, sociologie : ces six cadres, qui renferment abstractivement toute l'infinie variété de nos connaissances expérimentales, ne sont que les chapitres successifs de l'histoire du monde et de l'homme ; et ce qui démontre l'unité de ce développement, c'est l'ordre nécessaire à observer dans la série. Impossible d'étudier l'économie sociale et la morale sans s'inspirer de la physiologie ; impossible d'aborder la physiologie sans posséder la généralité des données physiques ; impossible d'entrer dans la physique par un autre chemin que celui de la géométrie, de la mécanique et du calcul. Chaque chapitre est, en effet, le complément du précédent ; ce sont de nouveaux étages qui se superposent sur les assises inférieures et qui forment une pyramide. Tout en haut de cet édifice est l'autel de la philosophie. Il ne faut pas y voler d'un coup d'aile, ni sauter d'emblée à un étage quelconque de la pyramide ; mais on doit la gravir avec patience et respect, en s'arrêtant à chaque assise et en découvrant autour de soi des perspectives de plus en plus étendues : on arrive ainsi au sommet, on contemple l'aspect général des choses, puis on redescend à l'étage qu'on veut explorer complètement.

Il faut, en un mot, pour entrer dans la philosophie positive, cette connaissance élémentaire des sciences qui suffit à donner le sentiment invincible de leur concordance et de leur solidarité mutuelle. Ce minimum est accessible à tout le monde, et la philosophie, en devenant populaire, peut acquérir une véritable efficacité sociale. On aurait besoin dans cette vue d'une doctrine aussi élémentaire que possible, c'est-à-dire d'une hiérarchie de connaissances demi-abstraites, demi-concrètes, à la fois théoriques et pratiques, concordant avec la série des sciences pures et lui servant au besoin de préparation.

Il y a plusieurs manières d'imaginer l'organisation de cette éducation primaire. Je me contenterai de vous en citer un exemple qui m'a paru curieux. Je l'ai trouvé rapporté dans le journal d'un voyageur dont je transcris ici quelques pages.

XXXVIII

Impression de voyage au XXe siècle.

Dans mes excursions, dit ce voyageur, je jouis beaucoup de la nature pittoresque, mais surtout lorsqu'elle sert de cadre à une population active, intelligente ou passionnée. J'aime les beaux sites, mais aussi les paysages humains, et je séjourne volontiers dans un village pour me mêler aux habitants, vivre de leur vie ordinaire, observer les familles et pénétrer leurs cœurs, si je puis. Un robuste et courageux travailleur est bien aussi digne d'attention qu'un bel arbre, et ce qui m'intéresse plus qu'une eau courante à travers les roches, c'est de découvrir les fleuves ou les ruisseaux d'idées, les lacs ou les torrents de passions qui s'agitent ou qui dorment dans l'âme des petites humanités inconnues.

Vers une des frontières montagneuses de notre pays, j'ai fait naguère une découverte. Je suivais une route peu fréquentée des touristes. Je m'étais arrêté dans un petit bourg qui me sembla propre, industrieux, aisé. Les rues étaient nettes, avec des ruisseaux d'eau vive, les maisons bien tenues et assez coquettes ; on y sentait un esprit d'ordre, garant de probité et de vertu. Je n'avais pas vu les champs ni les abords de la rivière qui traverse le village, je ne connaissais point l'industrie des habitants, ni leur nombre, ni leur richesse, mais j'en avais un préjugé favorable, et, tout en déjeunant, je causais avec l'aubergiste et le questionnais sur son pays, avec cette curiosité sincère qui séduit toujours les bonnes gens.

Il satisfit à mes demandes, et, quand il vit que je m'informais des moyens de repartir, il ajouta : Monsieur ne veut donc pas visiter le pays et voir notre église?

Il m'avait déjà parlé de son église; son insistance éveilla mon attention.

Vous avez donc une église curieuse? — Oh ! oui, Monsieur, très curieuse, répondit-il avec conviction.

Ancienne? — Pas ancienne, non, Monsieur, mais bien tenue et très soignée.

Tiens! fis-je, on est donc dévot ici! (C'était une trouvaille, un village dévot en plein vingtième siècle et cultivant son église avec amour.) — L'aubergiste me regarda malicieusement et se mit à rire.

Du coup, je fus intrigué. Il y avait pour sûr un mystère. Je me fis conduire à l'église par mon hôte complaisant, et, chemin faisant, voici ce que j'appris :

Au commencement du siècle[1], la situation pécuniaire du clergé devint languissante. Les subventions de l'État, quelquefois réduites, rarement augmentées, ne suffisaient plus aux nécessités croissantes de la vie; d'autre part, les fonds communaux, moins réglementés qu'au siècle précédent, prenaient plus volontiers le chemin de l'école que celui du presbytère; peu à peu aussi, les secours volontaires disparaissaient, le casuel cessait de rapporter beaucoup. Bref, la position d'un curé de village devint peu enviable, et, malgré toutes les exhortations des évêques et les efforts des séminaires, les jeunes gens furent de moins en moins attirés vers une profession où les attendaient l'obligation d'un célibat perpétuel et la misère en habits sacerdotaux. (Ainsi aura été vérifiée, pensai-je à part moi, cette observation d'Adam Smith : que les ministres du culte et les instituteurs se recrutent dans le même fonds de population, l'affluence se produisant dans l'une ou l'autre profession suivant qu'il s'y trouve plus d'avantages en revenu et en considération.) Il paraît qu'au bout de peu de temps, il n'y eut plus assez de prêtres pour occuper toutes les églises; celle du village fut une des premières abandonnées; elle était irrégulièrement desservie par le curé d'une paroisse limi-

[1] Ce journal paraît avoir été écrit dans la première moitié du vingtième siècle.

trophe ; mais, en définitive, elle chômait la plupart du temps, et, toujours fermée, mal entretenue, se dégradait rapidement.

« A cette époque, dit l'aubergiste, le village prenant de l'importance, nous fûmes dotés d'une justice de paix. Notre premier juge se trouva être un homme d'un grand mérite, aussi bon qu'il était ferme, intègre, instruit ; il attira auprès de lui deux de ses frères : l'un était instituteur et fut chargé de l'école ; l'autre était docteur et devint le médecin des pauvres de la commune. Tous trois étaient unis dans la pensée de faire le bien. — L'école était trop petite, on devait la reconstruire ; provisoirement, voyant l'église inoccupée, ils la firent ouvrir, et, comme elle était claire et point trop froide ni humide, ils y établirent les élèves. Cela se fit pendant une absence du curé qui nous desservait (car le pauvre homme, bien qu'il eût deux églises, ne parvenait pas à en vivre, et cherchait quelque supplément d'honoraires dans des prédications ou des suppléances au dehors). Quand il apprit ce qu'on avait fait, il menaça de se fâcher. Mais nos trois frères étaient gens d'esprit, et très conciliants bien que résolus. Ils proposèrent au curé un compromis par lequel ils le déchargeaient de tout service à notre église, en lui conservant une indemnité annuelle, moyennant laquelle tous les habitants de la commune auraient droit gratuitement, s'ils les réclamaient, aux cérémonies du baptême, du mariage et de l'enterrement; ils s'engageaient en outre à ne point détourner les fidèles d'aller à la messe de la paroisse du curé, et promettaient même d'y assister chacun à tour de rôle. Nous avons lieu de croire que ce compromis eut l'adhésion secrète de l'évêque; toujours est-il que le curé accepta, et que nous sommes rentrés en possession de notre église.

— Et vous avez tenu vos engagements? interrompis-je.

— Oui, Monsieur; les trois frères nous ont fait ratifier ce qu'ils avaient promis. Ils ne cessent de nous dire qu'on obtient plus par la persévérance et la modération que par les luttes ouvertes et les hostilités, qu'il faut s'entendre, se tolérer et transiger avec les intérêts existants plutôt que de les ameuter contre soi. Dans le fait, tout le monde a gagné à cet arrangement : nous les premiers, car vous allez voir ce qu'est devenue notre église, et, si vous passiez un dimanche parmi nous, vous seriez surpris du concours de public qu'elle attire ; les femmes et les vieilles gens sont bien aises d'être en paix avec le curé ; le curé lui-même est plus heureux. Les trois frères vont régulièrement à sa paroisse et sont devenus ses amis, non sans gagner de l'influence auprès de lui. L'abbé ne parle plus qu'avec respect du gouvernement, ses sermons sont devenus instructifs, il nous fait de la morale, nous raconte les exemples des saints, l'histoire de l'église et les services qu'elle a rendus, et, quoiqu'il prêche pour sa cause, il sait tout de même se faire écouter : c'est qu'on dit qu'il travaille bien plus depuis qu'il a vu le succès de notre église, à nous ; il s'est piqué d'une belle émulation, et cherche, par tous les moyens possibles, à attirer dans sa paroisse autant de monde qu'il en vient ici. »

XXXIX.

Une église.

Tout en causant de la sorte, nous étions arrivés à l'église.

L'aspect extérieur en était rustique et charmant. La construction moderne, en pierres neuves et en briques émaillées, contrastait, par une sorte de gaîté, avec le vieux porche et la tour gothique qu'on avait soigneusement conservés. Un jardin vert et fleuri, où restaient encore quelques tombes célèbres dans le pays, enveloppait l'édifice de sa fraîcheur, de ses parfums et de ses chants d'oiseaux.

Nous entrâmes, et je fus saisi d'étonnement. Je me

trouvais bien dans un temple, j'en avais l'impression sereine et religieuse; la disposition intérieure en était semblable à celle d'une église, mais les attributs et les ornements étaient autres. Les niches n'avaient pas de statues de saints, les fresques et les tableaux des autels ne représentaient point les scènes consacrées, les chapelles étaient garnies d'objets étrangers au culte, les inscriptions murales ne reproduisaient pas les versets des psaumes ou des litanies; et cependant l'ensemble, bien que nouveau pour moi, m'inspirait un sentiment d'attention et de respect. Je n'éprouvais rien d'ailleurs de cette terreur mystique que donne l'obscurité des vitraux, car le soleil entrait librement par de vastes ogives et répandait partout des flots de lumière.

La première surprise passée, je commençai à m'y reconnaître, et je vis que ce temple était un musée, un livre de science universelle ouvert à tous les chapitres et parlant aux yeux et à l'âme du visiteur. Je m'étais d'abord avancé au milieu de l'édifice, regardant çà et là, au hasard de ma curiosité, et un peu ébloui de la multiplicité des objets qui s'offraient à ma vue ; mon compagnon me laissait faire, mais, quand il me crut suffisamment pénétré de l'aspect général, il me prit par le bras et, me ramenant au bas de l'église, me fit procéder à un examen méthodique.

Sur le tableau du fond de la première chapelle, je lis que le savoir humain consiste à discerner les ressemblances et les dissemblances des choses; qu'apprendre, c'est comparer; que comparer, c'est mesurer, c'est-à-dire ramener les objets qu'on observe à une commune unité.

On me montre d'abord la manière de dénombrer les objets et de mesurer les distances.

Ensuite, une géométrie en action me fait voir le mouvement des points engendrant les lignes, le mouvement des lignes engendrant les surfaces, le mouvement des surfaces engendrant les volumes. J'assiste aux transformations des figures et à leur réduction finale au cube, au carré, à la ligne droite, mesurés par le mètre, fraction de la circonférence de la terre.

Tout le système métrique en découle, et me permet de comprendre les séries comparatives des densités des corps et des valeurs des objets.

La deuxième chapelle est consacrée au mouvement et à la force.

Les figures géométriques, qui sont tracées par des mouvements combinés, donnent par cela même la loi des combinaisons et des transformations de mouvements. J'apprends ainsi à ramener les mouvements complexes ou résultants à leurs éléments simples, et à démêler les forces qui les produisent.

Ces forces, attractives ou impulsives, sont mesurées par leur travail, c'est-à-dire par le déplacement qu'elles impriment à un poids donné. J'ai sous les yeux toute la série des balances, qui me montrent les forces compensées malgré la disproportion des masses en opposition. Balance à bras égaux, romaine à bras inégaux, leviers, poulies et moufles, plan incliné, corps flottants, vases communicants, baromètres, etc., toutes ces machines, en repos sous des tensions énergiques et contraires, me donnent une singulière impression de l'intensité des forces qui restent cachées sous l'immobilité de la matière.

La troisième chapelle m'introduit dans le mystère de la gravitation des astres.

Toutes les étoiles fixes du ciel sont des soleils qui, à des millions de millions de lieues du nôtre, éclairent, échauffent et gouvernent des univers invisibles pour nous. Notre univers se compose d'une dizaine de planètes ou étoiles mobiles que l'attraction du soleil fait tourner autour de lui comme des projectiles retenus par une fronde.

Ici me sont données quelques-unes des révélations extraordinaires du télescope et du calcul sur les distances, les vitesses et les proportions des astres.

Le globe du chœur de l'église, m'est-il dit, représente un soleil de 108 centimètres de diamètre, et la perle d'un centimètre suspendue à la lampe que je vois à l'entrée de la nef, à 29 mètres de distance, figure la terre, quatre fois trop rapprochée du soleil.

De l'attraction exercée par le soleil, je passe à l'attraction exercée par la terre, c'est-à-dire à la pesanteur, qui n'est qu'un cas particulier de la gravitation.

On me fait voir les accélérations de vitesse et les aggravations des chocs produites par la chute des corps à ses différents moments, les résistances des milieux traversés, la direction permanente de la chute qui dicte les conditions de l'équilibre par rapport au centre de gravité, et enfin nombre d'observations utiles sur lesquelles je n'ai pas besoin d'insister.

A ce moment, je traverse l'église, et redescends par l'autre nef latérale.

La quatrième chapelle me montre l'attraction intime et réciproque des molécules des corps, qui produit la cohésion, qui se modifie en électricité, et qui, dans certaines circonstances, devenue sans emploi, se manifeste sous forme de chaleur, de lumière et de son, comme une force dont l'équilibre est rompu et qui se transforme en mouvement.

Les analogies de ces mouvements moléculaires m'aident à comprendre comment la chaleur, la lumière, le son, se propagent à travers les milieux, se réfléchissent, se concentrent ou se dispersent.

J'apprends aussi comment la chaleur, en devenant latente, peut changer l'état moléculaire des corps et provoquer leur dilatation, leur fusion et leur vaporisation.

La cinquième chapelle me fait assister aux réactions singulières des corps les uns sur les autres, quand ils se trouvent mis en contact intime dans certaines conditions de chaleur ou de dissolution. Leurs molécules se disssocient pour se combiner avec d'autres et obéir ainsi à des affinités plus puissantes, sans qu'à travers toutes ces transformations de la matière, le poids s'en trouve jamais modifié.

Ces réactions arrivent à démontrer que les innombrables substances de la nature se ramènent à un petit nombre de corps simples irréductibles, et à des combinaisons de ceux-ci dans des proportions toujours invariables.

A l'aide de ces données, les principaux phénomènes chimiques me sont suffisamment expliqués pour que je puisse en tirer de précieux enseignements pratiques.

Dans la sixième chapelle, je vois les forces précédentes en action sur notre planète.

Un vaste globe, mobile et incliné sur son axe, à moitié engagé dans une glace verticale qui figure la séparation du jour et de la nuit, sert à expliquer les climats et le mouvement des saisons.

Sur le tableau du fond, une coupe longitudinale du globe en révèle la constitution intime : le feu central, la matière en fusion, les boursouflements volcaniques de l'écorce terrestre, et, dans les dépressions de cette ossature primitive, les couches de terrains successivement déposées par les eaux et achevant de former, entre les chaînes de montagnes, les bassins, les continents et les mers. Le bassin de la région est représenté à part et en détail.

Après l'anatomie du globe, en voici la physiologie. L'eau est le sang de la terre, dont elle entretient la vie par une circulation ininterrompue. Elle s'évapore de la surface des grands réservoirs, voyage sous forme de nuages, retombe en pluie le long du chemin, et se condense à la fin en neige au sommet des montagnes. La circulation est entretenue par l'échauffement du jour et le refroidissement de la nuit, par les marées, dues à l'action lunaire, et les courants réguliers qui naissent des différences de température à la surface du globe.

La chute incessante des eaux dissout et entraîne

les particules rocheuses, qu'elle mélange et dispose en couches superficielles, en formant les sols et sous-sols ; la pluie apporte de nouveaux éléments aériens condensés : tels sont les matériaux de la vie.

Ici, je me retrouve à l'entrée de l'église, et je remonte la grande nef.

A chaque pilier sont appendus des tableaux d'histoire naturelle et d'économie rurale ; entre les piliers sont rangées des vitrines et des modèles d'anatomie artificielle. A droite, j'ai la série des plantes utiles ; à gauche, celle des animaux.

Chaque plante est reproduite à ses différents âges et dans ses différentes phases de végétation. Un compte de culture, établi non en valeurs mais en matières, montre ce que la plante produit en bois ou en textile, en potasse, en fécule, en sucre, en gluten, en phosphate, la quantité de chaleur, d'eau, de lumière qui lui est nécessaire, les aliments qu'elle puise gratuitement dans l'atmosphère, ceux qu'elle emprunte aux différentes couches du sol, le déficit qu'elle y laisse, et que le travail humain doit combler.

Démonstrations et renseignements analogues, dans la série animale, sur les insectes utiles, les poissons, les volatiles, les bestiaux alimentaires et les animaux de trait.

Je trouve dans cette série un double enseignement : scientifique, car j'assiste au développement des organismes et des fonctions vitales, depuis la plante jusqu'au mammifère; économique, car j'apprends leur utilisation progressive et le profit que l'homme parvient à en tirer.

J'arrive au transsept de l'église. Au milieu, se dresse une sorte de tombeau antique, recouvert d'un voile mystérieux. Mon conducteur m'invite à monter sur les marches qui l'entourent; il tire le rideau qui le recouvre, et j'aperçois deux corps, un homme et une femme, couchés côte à côte dans un sarcophage vitré. Ce sont deux modèles de grandeur naturelle qui, sur l'ordre du démonstrateur, se lèvent de leur tombeau pour montrer leur contexture anatomique. Sur les côtés du sarcophage, de courtes inscriptions résument les fonctions naturelles de l'homme, ses besoins aux différents âges, ses facultés de travail divers, les conditions qui lui permettent le maximum d'efforts utiles.

Voilà l'homme dans son appareil animal; si je veux le connaître par ses œuvres, je n'ai qu'à regarder autour de moi. Les murs du transsept racontent les inventions humaines et les décrivent dans leur activité productive et dans leurs relations mutuelles.

Je suis, en effet, dans la région du TRAVAIL SOCIAL,

et je passe en revue ses principales manifestations : l'agriculture, qui exploite et multiplie les produits de la nature vivante ; — l'industrie extractive, qui recueille les matériaux inorganiques et les combustibles fossiles ; — l'industrie manufacturière, qui prépare et transforme les matières ; — les arts et métiers, qui s'emparent des produits manufacturés pour la confection et l'appropriation aux usages personnels ; — le commerce, pour l'achat et la vente, l'écoulement, la conservation, l'approvisionnement, l'assortiment, le détail des produits ; — le transport, par charroi, batellerie, navigation, chemin de fer ; — le crédit et l'assurance, pour la circulation et l'amortissement des capitaux ; — le gouvernement et les professions libérales, pour la sécurité extérieure et intérieure, la justice, l'instruction, la santé, le culte, les beaux-arts, les travaux publics, la protection commerciale et l'administration.

Cette histoire naturelle de la société humaine me conduit jusqu'aux degrés qui marquaient autrefois le maître-autel. Je pénètre dans l'abside, et j'arrive au sanctuaire de la morale et du droit : c'est le prétoire de la justice de paix.

Tout autour de l'abside sont disposées méthodiquement des sentences dont voici le sens général ;

Le devoir est la dette de l'individu envers ses choses et sa personne, sa famille, ses associés, sa commune, sa corporation, sa patrie, — pour les droits et les avantages que lui et les siens en ont tirés, en tirent ou en tireront.

Faire son devoir, c'est agir à la fois pour le bien général et dans son propre intérêt. Ne pas faire son devoir, c'est en quelque sorte renoncer aux avantages qu'on était en droit d'espérer et s'exposer, suivant les cas, à l'infortune et à la souffrance, à l'abandon de sa famille et au chagrin de l'isolement, aux pénalités de la loi, au mépris public, aux regrets et aux remords de sa conscience : châtiments qui, pour être parfois secrets et invisibles, n'en sont pas moins sévères.

1° *Devoirs envers ses choses et sa personne* : Entretenir en bon état sa terre, son bétail, son capital, son corps et son esprit. Ne rien leur emprunter qu'on ne leur restitue. En user activement, parce que toute chose inculte est infertile, toute faculté non exercée se perd ; mais n'en point abuser, sous peine de destruction et d'appauvrissement. C'est par l'action modérée, mais régulière et continue, qu'on obtient le plus grand résultat. Chercher le délassement dans l'activité variée plutôt que dans les excitants, qui apportent un surcroît de fatigue, et préserver sa santé comme la principale ressource du travail et des satisfactions légitimes.

2° *Devoirs envers la famille*: Tant vaut la famille, tant vaut l'individu. Quel que soit le rôle qu'on y joue, comme chef ou comme auxiliaire, se conformer au but commun, qui doit être de perpétuer la famille en nombre, en valeur et en prospérité. Le respect des parents nous arme d'expérience en entrant dans la vie ; la nombreuse et cordiale fraternité nous procure une mutualité puissante ; la bonne éducation des enfants nous garantit la joie et la tranquillité de l'âge mûr et de la vieillesse.

3° *Devoirs envers les associés* : Toute coopération à une œuvre commune est une association de fait entre le travail et le capital, entre le salarié et le chef d'entreprise. Bonne condition des entreprises, quand la concordance d'intérêt des divers coopérateurs est bien mise en évidence. Le patron trouve alors son avantage à l'amélioration de la condition de l'ouvrier, et celui-ci à la prospérité de l'entreprise ; le dévouement des travailleurs et la bienveillance des chefs se fondent l'un sur l'autre ; et progressivement le salarié se transforme en régisseur intéressé et en entrepreneur responsable.

4° *Devoirs envers la commune, la corporation, la*

province, la patrie : Nul n'existe et ne prospère que par le secours de la collectivité, qui le défend, le protège, le dote de tous les progrès accomplis, de toutes les libertés acquises, et l'arme, pour triompher des obstacles naturels, de toute la puissance sociale. Chacun doit se considérer comme un dépositaire du bien collectif et agir comme un loyal fidéi-commissaire, en s'efforçant de contribuer à la prospérité publique dans toute la mesure de ses forces, car les devoirs grandissent avec les facultés : avec le courage, l'intelligence, le savoir, la fortune. La solidarité, plus ou moins étroite, suivant le degré de la communauté, est universelle. Nous devons nous réjouir de tout succès individuel qui n'est pas remporté aux dépens d'autrui, comme d'un service rendu à la communauté et à nous-mêmes. L'envie n'est que l'ingratitude de l'ignorance.

Droits individuels : La liberté résume tous les droits qui sont la contre-partie de nos devoirs accomplis. Elle est d'autant plus praticable que la responsabilité est plus grande, que les vertus personnelles, la justice, la science, la richesse industrielle et la coopération sociale sont plus effectives. Elle forme à son tour la condition nécessaire et donne en quelque sorte la mesure de l'activité et du progrès. Elle constitue ainsi notre bien individuel et collectif le plus précieux.

Toute violation de la liberté, à l'égard de n'importe qui, est un préjudice social et une atteinte à notre droit personnel ; nous devons donc respecter et défendre la liberté d'autrui avec la même énergie que la nôtre propre.

En terminant cette dernière partie de ma visite, je remarque deux tables qui me présentent une intéressante application des doctrines précédentes. L'une, intitulée « Memento du patriote », relate les principaux événements glorieux ou malheureux de notre histoire contemporaine, la part qu'y a eue le petit pays où je me trouve, les hauts faits de l'armée régionale et du bataillon de l'arrondissement. L'autre table porte la liste des bienfaiteurs de la commune, de ceux qui ont contribué à la prospérité du pays, qui ont mérité des récompenses nationales, qui ont été choisis par le suffrage populaire pour les fonctions publiques, et dont l'administration municipale a été marquée par des actes mémorables ou par des travaux importants.

XL

L'éducation.

Notre visite achevée, nous sortions de l'église, lorsque mon guide, apercevant l'instituteur, courut après lui et me le présenta, en s'excusant de me quitter pour aller à ses occupations.

Resté seul avec l'instituteur, je le complimentai sur son œuvre et celle de ses frères, et lui demandai de compléter les renseignements que l'on m'avait déjà donnés.

La conversation à peine engagée, nous reconnûmes aussitôt que nous avions puisé notre savoir aux mêmes sources philosophiques, et que nous nous étions probablement côtoyés à Paris sur les bancs du Collège de France et du Muséum. Mon interlocuteur n'était pas un instituteur ordinaire, et sa carrière ne devait pas d'abord se borner à l'éducation d'un village. Il me dit simplement que des chagrins prématurés lui avaient fait désirer de vivre dans la retraite, et que ses frères lui avaient proposé de s'établir avec eux dans ce village, où ils s'étaient pris de passion pour une expérience de rénovation populaire.

§ 1. — L'ÉGLISE EST UN SYMBOLE.

« Nous nous sommes faits, tous les trois, éducateurs, me dit-il, chacun dans notre spécialité : mon frère aîné par la conciliation des intérêts, mon second frère par la culture des corps, et moi par l'enseignement. Unis dans la même doctrine, nous avons senti dès l'abord combien il était nécessaire de rendre cette association et cette unité sensibles aux yeux du peuple. Nous avons cherché un édifice où nous pussions exercer en commun nos fonctions diverses tendant au même but, et, les circonstances nous favorisant, nous avons désiré cette église, non pas, comme le pays l'a cru, par raison d'économie, non pas non plus, je vous le certifie, par indifférence dédaigneuse du passé ou esprit de revanche sur le clergé, mais par sollicitude pour le progrès que nous servions. L'idée scientifique succède à l'idée religieuse; il est bon qu'elle recueille l'héritage de respect et de considération que possédait son ancêtre. Il ne faut point que tout un peuple s'habitue au spectacle du renversement d'une doctrine; il faut qu'il croie, ce qui est vrai, à son développement et à sa transformation légitime : c'est pourquoi nous avons tant tenu à vivre en bonne intelligence avec le curé et à obtenir son assentiment, même dans les cas où, à la rigueur, nous aurions pu nous en passer. En définitive, la religion et la science aboutissent aux mêmes bienfaits pour l'homme, c'est-à-dire à la conviction qu'on peut dompter les passions aveugles de la nature et de l'humanité sauvage, à la confiance qu'on est en possession des moyens efficaces, à l'espoir d'une amélioration prochaine, et à la contemplation d'un idéal de beauté, de justice et de bonheur. Énergie et consolation, voilà les fruits sacrés de la foi dans la puissance surnaturelle de Dieu ou de la foi dans la puissance indéfinie de la science. Seulement, dans le culte de la science, l'étude, le travail et l'épargne remplacent la dévotion, la prière et les sacrifices.

« Nous avons donc cherché à établir, dans un ancien monument religieux, le symbole de la doctrine moderne ; nous y avons réuni, dans une série progressive, les révélations les plus frappantes et les applications les plus fécondes de la science ; nous avons voulu qu'on découvrît, en parcourant cette série, une vue de plus en plus compréhensive du monde, où l'homme tient une place à la fois si humble et si grande, et qu'on y puisât la conviction d'une autorité croissante de l'homme sur la nature, sous des conditions de savoir qui imposent le respect à l'égard des esprits supérieurs.

« Nous nous sommes arrangés pour que cette idée pénétrât l'homme en toute occasion, et jusque dans ses moments perdus. Aussi, avons-nous concentré dans l'église et ses annexes les services les plus importants, et nous y accomplissons tous les actes publics et toutes les cérémonies qu'il est possible d'y remplir. On y vient faire les déclarations de l'état civil, on s'y marie, on s'y arrête avant d'aller au cimetière pour prononcer des paroles de souvenir sur le cercueil des morts, les mères y viennent chercher leurs enfants après l'école, les hommes y attendent l'audience du juge de paix, et les malades la consultation du médecin ; tout le monde s'y rend, le dimanche, pour y entendre chanter les jeunes gens, recevoir les communications de la mairie et des sociétés populaires et écouter nos instructions sur la météorologie, l'agronomie, l'hygiène, le droit, l'économie et la morale. Mon frère, le juge de paix, en expliquant la loi et la jurisprudence, à l'occasion des actes à accomplir, et en tenant son public au courant des principaux faits politiques et commerciaux, sait toujours en montrer la portée sociale et en tirer les conclusions pratiques.

« Vous dirai-je, Monsieur, que, soir et matin, notre église est fréquentée par un plus grand nombre d'adultes qu'elle ne l'était autrefois par les vieilles gens confits en dévotion. Mon simple bulletin météorologique amène bien des visiteurs qui consultent baromètre, thermomètre, hygromètre, et qui commentent les télégrammes de l'observatoire de Paris. Nous avons conservé l'habitude de sonner les cloches au lever du soleil, à midi et au coucher du soleil. Nous avertissons ainsi les travailleurs des champs et de l'heure du jour et du temps probable, et nous prévenons de même les membres de la commune de la naissance, du mariage ou de la mort de leurs concitoyens, car il est bon d'éveiller la sympathie de tous à l'occasion des faits importants de chacun. »

§ 2. — L'ÉGLISE EST UN ENSEIGNEMENT.

« Comme nous cherchons à prolonger l'éducation du peuple pendant sa vie entière, nous ne voyons dans l'instruction primaire de l'enfance qu'une introduction à l'enseignement permanent des adultes. Cette instruction primaire, c'est ma spécialité, et l'église est mon plus précieux instrument pour catéchiser les enfants.

« Vous concevez fort bien que je ne leur impose pas, dès le début, l'étude abstraite des démonstrations scientifiques ; j'appartiens à l'école qui fait passer les choses avant les signes, les faits avant les formules, et qui considère l'expérience comme la base première de toute science. Donc, je leur montre d'abord des prodiges, des curiosités, des utilités ; je les amuse, je frappe leur imagination, j'éveille leur intérêt, je m'arrange pour qu'ils puissent de suite être fiers de quelque connaissance acquise, qu'ils raconteront à leurs parents ou qu'ils appliqueront dans leurs jeux : tout cela dans un certain ordre qui, à lui seul, est une explication.

« C'est là le premier degré de mon enseignement, ou, si vous voulez, le premier tour de l'église, où j'ai soin, bien entendu, de ne m'arrêter qu'aux phénomènes saillants et extérieurs, sans démontrer aucune loi. Cela suffit néanmoins pour que, au second degré, reprenant la série déjà parcourue, je puisse m'arrêter plus en détail à chaque fait et en donner l'explication. Enfin, quand je recommence mon troisième tour méthodique, j'aborde la démonstration scientifique, et j'établis l'enchaînement rigoureux des propositions. Je fais donc suivre à mes élèves comme une sorte de spirale qui se déroule chaque année dans un rayon plus grand, mais dans une direction pareille. J'y trouve une grande facilité d'enseignement, et les enfants y acquièrent une philosophie instinctive dont il suffit plus tard de leur donner conscience, quand ils arrivent au terme de leurs études. J'ajoute d'ailleurs, au point de vue utilitaire, que, l'application précédant d'ordinaire ou du moins accompagnant la théorie, rien ne risque d'être perdu. Alors même que l'enfant interrompt son instruction et me quitte avant l'achèvement du temps scolaire, il emporte toujours une petite somme de connaissances acquises et de notions justes, et, ce qui est encore bien plus précieux, il garde le goût de la science, le souvenir aimable de l'étude.

« Ceci, en effet, a été malheureusement, jusqu'ici, le côté de l'instruction le plus négligé. Vous avez, comme moi, la mémoire de la sécheresse horrible de nos leçons élémentaires. On nous faisait suivre un chemin rocailleux sans nous en montrer le but, enfiler des démonstrations, des définitions, des analyses mornes et abstruses, sans nous laisser même entrevoir l'utilité de ces efforts. De temps en temps, nous arrivions à une vérité instructive, applicable, féconde, à quelque chose de vivant qui nous réjouissait ; mais on nous faisait reprendre aussitôt la chaîne du travail forcé et les exercices nauséabonds. Nous ne montions ainsi dans la science que par l'escalier le plus rude, le plus obscur, le plus décourageant. Dans mon humble sphère, je procède autrement ; car, en rebutant mes enfants, je croirais commettre une mauvaise action, quelque chose comme une dégradation de la vérité, qui est toujours belle, comme une provocation à l'impiété envers le savoir. Au contraire, je prends mes élèves doucement par la main, je les conduis dans un monde idéal qu'ils ne soupçonnaient pas, et je leur fais découvrir des merveilles. J'ai soin de leur épargner les tâtonnements qui ont rendu pénibles les efforts des chercheurs ; je dispose à souhait les occasions, les analogies, les rapprochements et les moyens de comparaison, et rapidement l'enfant trouve lui-même toute sa science. S'il y a une joie au monde, c'est celle de faire des découvertes, et, cette joie, je la procure à mes élèves. Durant les quelques années qu'ils passent avec moi, je concentre sur eux tout le bonheur des inventeurs disséminé en tant de siècles ; et moi, je jouis encore plus qu'eux de leur plaisir, de leur naïveté, du succès de mes petites ruses ; je suis enfin comme un propriétaire qui montre les fleurs et les fruits de son jardin à des visiteurs enthousiastes. »

§ 3. — Procédés mnémotechniques.

— C'est très bien, Monsieur, interrompis-je, vous ne voulez pas d'éducation fastidieuse, et vous avez raison. L'homme a besoin de s'instruire toute la vie ; il faut donc avant tout lui faire goûter le plaisir de savoir, afin de lui inspirer le désir d'apprendre. Mais, enfin, il y a aussi dans l'étude un côté laborieux et pénible dont vous ne pouvez faire abstraction. Je n'ai vu dans votre église et je n'ai trouvé dans vos explications rien qui concerne la lecture, l'écriture, la grammaire, le calcul ; je m'imagine que vous ne pouvez les supprimer, et je me demande comment vous pouvez les rendre attrayants...

— En effet, me répondit-il, c'est bien là la partie la plus ingrate de ma tâche, l'enseignement formel, celui des signes, où la convention domine, qu'il faut distinguer de l'enseignement réel, celui des choses, où l'observation est maîtresse.

« Pour l'enseignement formel, je suis obligé de m'adresser, non à l'imagination et à la comparaison, mais à la mémoire, et alors je tâche de l'aider de mon mieux par l'imitation, l'habitude et les procédés matériels. Tous mes enfants apprennent à lire, à écrire, à solfier, à énumérer, à calculer, à conjuguer et à réciter par l'efficace procédé des salles d'asile, en chœur et en cadence, quelquefois même avec musique et gymnastique ; les ignorants disent comme ceux qui savent, les inattentifs et les oublieux comme ceux qui sont appliqués et qui se souviennent ; les exercices sont variés, gradués, incessamment répétés. J'enseigne mécaniquement ce qui a besoin d'être su imperturbablement et pratiqué, pour ainsi dire, d'instinct et sans réflexion. Ce n'est qu'après cette préparation mnémonique, cette initiation aux conventions générales, que j'admets les enfants à l'église.

« Pendant mon cours du premier degré ou d'exposition, les exercices de mémoire se continuent simultanément au dehors, et je ne demande aux élèves, pour mes leçons à l'église, que de petits comptes rendus verbaux, où j'ai soin de rectifier leur langage. Au deuxième degré, durant le cours explicatif, je fais des dictées résumant mes leçons, et je commence à demander à mes enfants quelques petits rapports écrits, qu'ils rédigent à leur volonté, et dont je corrige ensuite l'orthographe, la rédaction et l'inexactitude, en leur donnant les règles pratiques les plus simples. Au troisième degré, pendant le cours théorique, je donne des devoirs, questions à traiter, théorèmes à démontrer, problèmes à résoudre, et, en même temps, l'élève est assez familiarisé avec la rédaction et le calcul pour que je puisse utilement aborder la théorie de la grammaire, de l'analyse logique, de l'arithmétique, de l'algèbre, des nomenclatures et des classifications scientifiques.

« Le cours du deuxième degré constitue proprement l'instruction primaire ; le cours du troisième degré prépare l'instruction secondaire. Cette instruction, je ne la poursuis pas ; on la trouve dans tous les collèges, et je n'ai pas d'objection à y faire, du moment qu'elle a été précédée de l'instruction primaire et préparatoire, qui, suivant moi, doit être pour tout le monde, pour le riche comme pour le pauvre, le fondement réel d'une éducation positive. Il ne faut pas, comme au collège, se borner à façonner les esprits sans les ensemencer; il faut faire l'un et l'autre simultanément, et tenir peut-être plus à la semence et aux fruits qu'à la façon. Quand l'élève est suffisamment riche d'observations sensibles et de connaissances réelles, la littérature, l'histoire et la philosophie deviennent pour lui des enchantements. »

§ 4. — L'ÉDUCATION DES FILLES.

« Je comprends bien votre méthode, interrompis-je encore une fois, et elle me séduit; mais je n'en vois encore qu'une demi-application. Vous m'avez montré votre école de garçons, montrez-moi aussi votre école de filles ; elle n'importe pas moins que l'autre, si ce n'est plus, à la société.

— Eh! Monsieur, s'écria-t-il, il y a longtemps que nous avons rompu avec l'école des filles. Est-ce qu'il y a deux catéchismes? Est-ce la bonne sœur qui enseigne l'un aux filles, tandis que le curé enseigne l'autre aux garçons? N'est-ce donc pas le même prêtre qui donne la même leçon religieuse à tous les enfants? Pourquoi en serait-il autrement de la science? Il n'y a pas deux sciences, et la science n'a pas de sexe. Elle doit être enseignée avec le plus de supériorité, d'autorité, et même, dirai-je, avec le plus de virilité possible; aussi, vaut-il mieux que le maître soit un homme, un père de famille, ayant fait de l'éducation sa profession principale et définitive, et non une religieuse séparée du monde qui enseigne par devoir et mortification, ou une pauvre fille laïque résignée à sa tâche parce qu'elle désespère d'en pouvoir sortir.

« Jusqu'à un certain âge, les enfants des deux sexes n'offrent, pour ainsi dire, pas de différence physiologique et morale, leur intelligence est la même. La différenciation s'établit à une époque où il devient utile de s'occuper de l'instruction professionnelle; la jeune fillette doit alors connaître d'autres devoirs et apprendre d'autres fonctions que le jeune garçon ; il est convenable que ce supplément d'instruction lui soit donné, sinon par la mère, au moins par une femme versée dans les pratiques du ménage et dans les arts domestiques. Mais, en dehors de ces spécialités du sexe, je réclame les filles comme dépendant de mon ministère.

« Je sais, croyez-le bien, prendre les précautions nécessaires pour éviter toute promiscuité dangereuse. J'exige, par exemple, que les mères s'entendent entre elles pour conduire et ramener leurs filles à tour de rôle. En somme, il n'est pas plus difficile d'empêcher le mélange de deux classes que celui de deux écoles voisines. Mais, au moins, j'arrive à un résultat que j'estime de la plus haute importance : c'est de donner aux filles la même instruction primaire qu'aux garçons, d'après la même méthode et sous la même inspiration. Plus il y aura identité de professeur et de doctrine, mieux l'esprit de la femme sera mis au niveau de celui de l'homme, et moins il y aura dans la suite danger de scission morale. Je ne veux pas que, quand la petite fille sera devenue une femme et une mère, elle jette dans l'esprit de son enfant d'autres germes que ceux que le père voudra y semer ensuite. Il ne faut pas de contradictions qui mettent le désarroi dans la conscience de l'enfant, et qui, faisant obstacle à la constitution de sa raison, le laissent plus tard sans défense contre ses instincts et ses passions. »

§ 5. — L'enseignement moral.

« La morale, continua mon interlocuteur, si on la veut vivante, ne consiste pas en un chapelet de formules banales que l'on apprend à réciter ; elle doit s'appuyer sur la réalité des faits et résulter de l'unité de doctrine. Pour moi, je l'enseigne dès le début de mon instruction, chaque jour et en toute occasion, ou plutôt je ne l'enseigne pas, je la montre. Je cherche à donner à l'enfant le sentiment de la liaison de toutes les vérités ; je lui fais voir que les devoirs sociaux sont dictés par les lois, qui font la force et la prospérité des nations, et que celles-ci ne sont à leur tour qu'un cas particulier des lois de la nature, dont la science n'a fait la découverte que progressivement ; en sorte que la morale, très rudimentaire aux premiers temps de l'histoire, a toujours été en se perfectionnant.

« Lorsque je montre ainsi le lien qui rattache l'économie sociale à l'économie politique, celle-ci aux sciences naturelles, celles-ci aux sciences physiques et celles-ci aux sciences géométriques, n'est-ce pas comme si je faisais bénéficier les maximes morales de toute la certitude appartenant aux sciences exactes ? En développant le sens du vrai et du beau dans une mesure quelconque, n'est-ce pas développer le sentiment du bien ?... Ces vérités, en définitive, ne sont pas plus difficiles à graver dans le cœur d'un enfant que les mystères inconcevables qui font la base de la doctrine religieuse enseignée dans le catéchisme.

« Mais laissez-moi dire que mes démonstrations, si concluantes qu'elles fussent, seraient vaines, si la morale ne préexistait déjà à mon enseignement et si j'avais autre chose à faire qu'à la formuler et à en donner conscience. La vraie morale, la discipline intérieure de l'homme,. c'est la famille qui la crée, par ses exemples et ses habitudes. On apprend à être honnête homme comme on apprend à marcher et à parler, par imitation et répétition. Le philosophe survient, qui vous explique pourquoi vous êtes un honnête homme, et cela vous charme et vous fortifie dans vos habitudes de conduite, qui deviennent des principes de morale ; mais, sans la longue culture de la famille, le philosophe resterait impuissant.

« D'ailleurs, mon rôle est modeste. Je tâche surtout de disposer en ordre propice, dans l'esprit de mes élèves, les premiers matériaux de la philosophie. C'est ensuite à mon frère le médecin, à mon frère le juge, et aussi, je dois le dire, à notre curé, à développer par leurs avis, leurs récits, leurs conférences, les germes que j'ai préparés. Ils n'y manquent pas. Mais ils savent aussi que cela ne suffirait pas, et ils s'adressent incessamment aux familles, pour leur démontrer la nécessité de l'exemple, la force précieuse de l'habitude et le bienfait de la discipline. Je regrette, Monsieur, que vous ne puissiez passer un dimanche avec nous. Vous nous verriez tous à notre poste, soit en séance publique, soit en consultations particulières, écoutant chacun, donnant des conseils et des instructions, prêtant notre arbitrage ou notre entremise dans les conjonctures délicates, cherchant à prévenir les conflits et à conserver l'harmonie entre tous.

« Sur la place publique, on s'assemble, on cause, on s'exerce aux jeux de force et d'adresse ; les jeunes gens chantent et dansent sous les arbres. Nous encourageons, nous partageons ces plaisirs, et nous nous montrons honorés d'en recevoir la présidence. A notre avis, ces réunions et ces récréations publiques, que la présence des familles rend toujours honnêtes, sont excellentes. Elles ramènent au même ton les esprits et les cœurs; elles resserrent les liens sociaux; elles effacent les divergences inévitables chez des concitoyens que leurs occupations isolent souvent les uns des autres. Chaque assemblée est pour nous une occasion de propagande, et pour tous une sorte d'enseignement ou de renseignement mutuel ; les idées de chaque famille s'en élargissent, et la sympathie générale s'augmente de tous les plaisirs pris en commun. On ne saurait trop, en effet, habituer les hommes à être joyeux ensemble, car c'est presque la seule manière de les faire s'aimer et de les rendre sensibles à leur estime réciproque ; enfin, ces joies locales, si franches et si vives, sont dans les jeunes cœurs la vraie semence du patriotisme.

« Si vous assistiez, Monsieur, au spectacle plein d'animation et de gaîté qui se renouvelle à chacun de nos dimanches, vous en sortiriez, je crois, satisfait, et même édifié.

« Mais nos réunions, ici, n'ont lieu que tous les quinze jours. Demain, nous nous rendrons à la paroisse voisine, et nous écouterons le curé. Nous n'y manquons jamais, car nous tenons à lui témoigner notre déférence et à exercer aussi notre contrôle attentif. Notre curé, s'il ne s'était jamais trouvé qu'en présence d'esprits faibles, incultes ou dévots, incapables de lui opposer le moindre frein, aurait pu, comme tant d'autres, s'abandonner aux exagérations mystiques et aux violences ultramontaines ; l'habitude de nous avoir pour auditeurs en public et pour interlocuteurs intimes depuis des années, a si justement maintenu ses prédications dans la bonne mesure, que nous pouvons le considérer comme un utile auxiliaire.

— Quel malheur, m'écriai-je quand il eut fini, que tous nos cantons ne possèdent pas des hommes tels que vous ! »

Il s'inclina et sourit. « Il n'en faudrait pas tant, dit-il, qu'il y a de prêtres qui restent actuellement en dehors de toute action sociale efficace. Quand la doctrine de la science, de la philosophie et de la concorde sera servie par un personnel seulement égal, en nombre et en esprit, au clergé actuel [1], la

[1] Je ne sais pas ce que sera le clergé au XXe siècle; mais il

France ne manquera pas d'intelligences dirigeantes, et ce sera le pays le plus libre, le plus stable, le plus prospère et le plus puissant du monde... »

Je pris congé de l'instituteur, et, le lendemain, je quittai le village, ému, — pourquoi ne le dirais-je pas? — de la grandeur de la mission à laquelle s'étaient voués ces hommes obscurs et généreux.

Depuis, j'ai toujours fait des vœux pour leur succès et la propagation de leur exemple. Je ne suis jamais retourné au village des Trois-Frères, mais je rêve souvent d'aller y finir mes jours et de m'y faire dévot de leur église.

compte présentement 3,428 curés et 40,699 desservants et vicaires, non compris le personnel de l'épiscopat, les chanoines, les aumoniers et les prêtres libres : en tout 55,762 prêtres.

CONCLUSION

XLI

Conclusion. — Le programme à réaliser.

Si cette étude a réussi à démontrer quelque chose, on aura peut-être reconnu que les conditions qui sont le plus favorables à la force matérielle et morale des nations, sont aussi celles qui sont le mieux appropriées au bonheur des individus.

Sans doute, la richesse, par le bien-être et la liberté qu'elle promet, est une facilité de vie qu'on serait fou de mépriser; mais l'analyse de l'organisme social est de nature à faire comprendre la vérité profonde cachée sous la banalité du proverbe : « La richesse ne fait pas le bonheur. »

Ce qui fait le bonheur, ce sont les joies de la sympathie, de la personnalité et de l'esprit, réunies et combinées à l'aide de ces quatre grands moyens sociaux :

La famille en permanence ;

Le métier intéressant ;

La vie publique ouverte à tous ;

L'union spirituelle dans une doctrine de foi, d'espérance et de charité.

Voila les véritables richesses, ce qu'on pourrait appeler le capital moral de toute société, dont l'accroissement ou la diminution donne la mesure exacte de la civilisation d'une époque.

L'administration de ce capital moral forme ainsi le grand problème où se trouvent engagés le présent et l'avenir des peuples, leur bonheur et leur puissance. Si la conservation et le développement en sont confiés aux hommes les plus capables et les meilleurs dans chaque sorte d'activité, tout va bien, et chacun profite.

Les fonctions alors sont réparties proportionellement aux aptitudes, l'inégalité de puissance est compensée par l'inégalité de charge, et les devoirs plus grands rétablissent la balance des droits supérieurs.

L'empire appartient au plus digne, ce qui veut dire : le pouvoir au plus courageux et au plus honnête; la législation au plus expérimenté et au plus clairvoyant; la justice au plus sensé et au plus impartial; l'enseignement au plus curieux de science et au plus aimant (le mot *studiosus* a ces deux sens) ;

le capital enfin au plus entreprenant et au plus industrieux.

Est-ce par l'immobilité des castes, l'investiture de l'État ou le suffrage populaire qu'on peut réaliser cette attribution? Cela est plus que douteux. L'hérédité des fonctions, si grande qu'ait pu être sa vertu sociale en d'autres temps, a perdu sans retour son infaillibilité; les meilleurs aujourd'hui surgissent au hasard; il n'y a plus de classes dirigeantes, il n'y a que des supériorités individuelles. L'État, nous l'avons vu, n'est qu'un mot qui cache des fonctionnaires irresponsables. Quant à l'élection par en bas, si l'on s'y abandonnait, ce serait croire à la désignation des capables par les incapables, des compétents par les incompétents, des hommes d'action par les hommes d'inertie. Utopie suprême! La nomination populaire ne peut être qu'un témoignage de confiance consacrant les mandats publics, conférés ou proposés par les chefs de l'opinion, mais rien de plus. L'intelligence mène la foule; la foule ne peut pas donner l'impulsion.

Rien donc de tout cela n'est exclusivement bon, et tout cela cependant peut être utilisé sous le contrôle de la liberté responsable, qui éloigne tous les timides, stimule tous les agissants et élimine tous les insuffisants.

Concurrence et sélection, voilà la grande loi de

nature qui régit tous les êtres, depuis l'humble communauté de plantes ou de bêtes jusqu'aux immenses sociétés d'hommes ; tel est l'ordre en vertu duquel s'opère le partage entre les individus supérieurs appelés à former l'aristocratie mobile de chaque génération, et les individus inférieurs, qui vont se réfugier dans la foule des subordonnés et des auxiliaires :

Tout être responsable doit être libre ;
Nul être irresponsable ne doit être libre.

La science sociale tout entière est contenue dans cette double maxime ; car le défaut de liberté et le défaut de responsabilité aboutissent également à la décadence.

L'histoire n'est qu'un tableau prolongé des châtiments réservés aux violations de la liberté ou de ses conditions. A chaque conquête, à chaque révolution, c'est une race ou une classe amollie par la jouissance et énervée par le protectionnisme qui succombe sous l'attaque d'une autre race ou d'une autre classe fortifiée par l'activité.

Quand les antagonistes sont très inférieurs, les déclins sociaux se prolongent durant des siècles : témoin cet empire de Rome qui ne succomba que quand une lente décrépitude l'eut ravalé au-dessous des bandes sauvages qui l'assiégeaient.

Pour les nations modernes, heureusement, cette sécurité relative et funeste d'une barbarie environnante n'existe pas. On ne peut plus mourir de vieillesse en se décomposant tranquillement. Des rivaux actifs nous condamnent à la virilité perpétuelle. Il n'y a plus de place, dans le monde civilisé, pour les Inde, les Chine, les Rome et les Byzance.

Il faut donc prendre notre parti de la liberté, puisqu'elle est nécessaire, et pratiquer nous-mêmes, avec les ménagements que nous pouvons y apporter, cette sélection inévitable que la nature nous impose. Darwin, dans son beau livre de l'*Origine des espèces*, qui, en définitive, n'est qu'une glorification de la liberté, nous représente l'action de la concurrence vitale sous l'image de la Nature, qui scrute journellement, à toute heure et à travers le monde entier, chaque variation, même la plus imperceptible, pour rejeter ce qui est mauvais, conserver et ajouter tout ce qui est bon, et travailler ainsi, insensiblement et en silence, partout et toujours, dès que l'opportunité s'en présente, au perfectionnement de chaque être par rapport à ses conditions d'existence.

Faisons de même, travaillons incessamment et en silence au développement et au perfectionnement de notre famille, de notre industrie, de notre province, de notre doctrine, et tout le reste viendra par surcroît, car c'est la seule manière d'édifier une nation puissante et heureuse.

Répandre la liberté et la responsabilité dans tous les ordres d'activité, diviser les fonctions et multiplier les initiatives ;

Supprimer dans la plus grande mesure possible les privilèges et les entraves, les oppressions d'impôts et de règlements, les déperditions de capitaux et de crédit, les infirmités d'ignorance et de malveillance, qui immobilisent les hommes, isolent leurs efforts et paralysent leurs facultés ;

Obtenir dans chaque famille un premier choix des individus les plus sûrs, les plus actifs et les plus entreprenants, concentrer sur eux le plus de vertu, d'instruction et de capital, le plus de protection efficace ;

Par la famille également, assurer l'assistance, sans humiliation mais sans prédilection, de tous ceux que la responsabilité effraie ou que la concurrence élimine ;

Accorder une juste prépondérance à tous les hommes d'initiative qui ont mérité leur légitime succès, prévenir cependant l'immobilité de cette aristocratie naturelle, empêcher que son influence ne dégénère en oppression, et la soumettre dans ce but à la double sanction de l'opinion publique et du suffrage populaire ;

Voilà le programme qui est à suivre.

Il demande beaucoup de réformes, sans doute; mais, à quelque degré qu'il se réalise, il sera toujours efficace.

Attendrons-nous, pour l'appliquer, des lois, des décrets, des révolutions préalables? Si nous faisions cela, nous nous condamnerions à une attente perpétuelle. Les vrais législateurs ne sont pas ceux qui rédigent des lois, mais ceux qui créent les mœurs sous n'importe quelles lois.

Tout homme est législateur s'il fonde une famille, s'il fait de ses enfants des citoyens énergiques comme lui, et s'il en fait beaucoup.

FIN.

TABLE DES MATIÈRES

INTRODUCTION

LE BONHEUR EN FACE DU PROGRÈS

I. — Le progrès accéléré. 3
II. — Le bonheur stationnaire. 6
III. — L'homme a les moyens d'être heureux. . . . 10

PREMIÈRE PARTIE

LA FAMILLE

IV. — Qu'est-ce que la famille? — Ses avantages particuliers et sociaux. 19
V. — Nécessité d'une éducation préparatoire pour développer l'aptitude familiale. 25
VI. — La famille organisée. — La répartition des fonctions. 32
VII. — Le bonheur n'est certain que s'il n'entrave pas le progrès. — La famille doit obéir à la loi de sélection. 37
VIII. — Vérifications expérimentales de la théorie de la famille. 45
IX. — Régime actuel des successions et modifications désirables. 49
X. — La quotité disponible et les limites qu'elle impose aux familles permanentes. 58

XI. — Examen de deux objections. — Première objection : L'inégalité. 68
XII. — Deuxième objection : L'excès de population. — Comment la famille nombreuse se concilie avec les règles de Malthus. . 75
XIII. — Composition sociale qui peut résulter de ces principes. — Conclusion de la première partie. 82

DEUXIÈME PARTIE

LE MÉTIER

XIV. — Le droit au travail. 91
XV. — La liberté d'entreprise. 95
XVI. — La nécessité des gros capitaux et l'association. 99
XVII. — La société par actions. 102
XVIII. — Les grands anonymats. 106
XIX. — Détournement général des aptitudes et des capitaux. 112
XX. — Magasins de nouveautés et administrations financières. 117
XXI. — Entreprises de construction et compagnies d'exploitation. 124
XXII. — Participation dans les bénéfices et régie coïntéressée. 130
XXIII. — La coopération. 134
XXIV. — L'importance du capital. — Tout capital est une accumulation. 137
XXV. — Efficacité progressive de la concentration des capitaux. 143
XXVI. — Individualisation des capitaux. 146
XXVII. — La réforme industrielle par les patrons intéressés. 150

TROISIÈME PARTIE

LA VIE PUBLIQUE

XXVIII. — La commune : type américain. 159
XXIX. — La commune : type allemand. 165

XXX. — Le suffrage politique. — Responsabilité morale de l'électeur. 171
XXXI. — Responsabilité matérielle de l'électeur. . 176
XXXII. — Liberté et responsabilité des fonctionnaires. — Sanction judiciaire. 181

QUATRIÈME PARTIE

LA DOCTRINE

XXXIII. — L'âme de la réforme. 194
XXXIV. — Origine religieuse de toute société. . . . 196
XXXV. — Le pouvoir spirituel religieux. 201
XXXVI. — Le pouvoir spirituel laïque. 209

§ 1. — Le médecin.
§ 2. — L'avocat, le magistrat.
§ 3. — Le professeur.
§ 4. — La presse.

XXXVII. — Faut-il une centralisation spirituelle ? — La science fait l'unité. 223
XXXVIII. — Impression de voyage au xxe siècle. . . 229
XXXIX. — Une église. 234
XL. — L'éducation. 248

§ 1. — L'église est un symbole.
§ 2. — L'église est un enseignement.
§ 3. — Procédés mnémotechniques.
§ 4. — L'éducation des filles.
§ 5. — L'enseignement moral.

CONCLUSION

XLI. — Conclusion. — Le programme à réaliser. 269

FIN DE LA TABLE.

Saint-Denis. — Imp. Ch. Lambert, 17, rue de Paris.

Saint-Denis. — Imprimerie CH. LAMBERT, 17, rue de Paris.

www.ingramcontent.com/pod-product-compliance
Ingram Content Group UK Ltd.
Pitfield, Milton Keynes, MK11 3LW, UK
UKHW020557230726
13926UKWH00005B/2073

9 782013 442886